艺术人生系列

Raphael
拉斐尔

［意］毛里齐亚·塔扎特 著
高金岭 赵玲玲 译

陕西新华出版传媒集团
太白文艺出版社

目 录

1483—1504　历史背景　　　　　　　　　　　　　　7
　　　拉斐尔的"神话"——一位传奇画家
　　　乌尔比诺　艺术氛围
　　　学徒时期及早期探索阶段
　　　《被钉在十字架上的基督》
　　　佩鲁贾，1502—1503
　　　超越佩鲁吉诺
　　　致敬蒙特菲尔特罗公爵家族

1504—1508　佛罗伦萨　　　　　　　　　　　　　　45
　　　佛罗伦萨——16世纪初期
　　　穿梭于佩鲁贾和乌尔比诺之间
　　　伟大的转折
　　　佛罗伦萨圣母
　　　未曾忘却的乌尔比诺
　　　《下十字架》
　　　佛罗伦萨的中产阶级
　　　《华盖圣母》

1508—1520　罗马时期　　　　　　　　　　　　　　91
　　　重大举动
　　　署名室
　　　艾略多罗室
　　　博尔戈火灾室
　　　圣母玛利亚的祭坛画和其他画作
　　　朋友与情人
　　　《圣塞西莉亚的狂喜》和《基督赴刑场》
　　　《基督显圣》
　　　致命的爱

　　　年表　　　　　　　　　　　　　　　　　　　154
　　　索引　　　　　　　　　　　　　　　　　　　157
　　　参考书目　　　　　　　　　　　　　　　　　161

◀ **持书的圣母子**（1502—1503）
局部
帕萨迪纳，诺顿西蒙美术馆

1483—1504 / 历史背景

拉斐尔的"神话"——一位传奇画家

著名传记作家乔治·瓦萨里（Giorgio Vasari）在1568年出版的《艺苑名人传》（*Vite dei più eccellenti pittori, scultori e architetti*）一书中，用"优雅，近乎完美"来形容拉斐尔。这两个形容词凸显了乌尔比诺的艺术家拉斐尔·圣齐奥（Raphael Sanzio）艺术形式的完美，他虽在37岁时死于疾病，却给后人留下了惊人的遗产。同时代的人及世世代代的后人皆称颂他为文艺复兴时期最伟大的艺术家之一，他继承发扬了古典传统和基督教传统。16世纪以来，拉斐尔因其雅致而优美的画作，继瓦萨里之后受到世人的敬仰与称颂。瓦萨里曾把拉斐尔描述为一个"本性善良"的男人，认为他举止优雅、悲天悯人，与那些"抽象且古怪"的大师形成了鲜明对比。显而易见，瓦萨里提到的这些大师其实是暗指皮耶罗·迪·科西莫（Cosimo）、彭托莫（Pontormo）和其他一些让人捉摸不透的艺术家。早在1519年，切利奥·卡尔卡格尼尼（Celio Calcagnini）曾把拉斐尔描述为同时期"画家中的王子"。瓦萨里在追述拉斐尔与各位名人的友谊时曾写道："拉斐尔在生活中不像是一位画家，而更像是一位王子。"这些赫赫有名的人物中包括教皇尤利乌斯二世和利奥十世，他们在拉斐尔生命最后的两周曾6次拜访他。

在那个年代的知识分子中，从哲学家皮科·德拉·米兰多拉（Pico della Mirandola）到画家和评论家保罗·洛玛佐（Paolo Lomazzo），再到巴尔达萨雷·卡斯蒂利奥奈伯爵（Baldassarre Castiglione），都把拉斐尔抬升到了"艺术之神"的地位，甚至接近救世主的形象，并认为他的作品堪称奇迹。拉斐尔那张

乌尔比诺和公爵宫

娇美精致、近乎女性化的面孔俨然被视为救世主再世。他的风流韵事更是被人拿来作为他深具杰出艺术才能的佐证。拉斐尔拥有卓越的创造力、高超的绘画技巧、独特的透视画法与明暗对照法以及色彩调配能力，这一切使他的画作流行于世界，并广受好评。尽管有一些限制，但拉斐尔依然可以与其他两位伟大的艺术家比肩：米开朗琪罗（Michelangelo）和列奥纳多·达·芬奇（Leonardo da vinci）。根据瓦萨里的观点，例如，由于早期受到佩鲁吉内斯克（Peruginesque）枯燥抽象画法的影响，拉斐尔无论如何努力，都无法达到米开朗琪罗画作的壮丽，或其人体画的精美；同样地，虽然已经触手可及，但是拉斐尔仍然不能和达·芬奇画作中的"不安的灵魂"相提并论。

如今的评论家和学者大都认同了瓦萨里对拉斐尔的定位，一致认为拉斐尔在文艺复兴三杰中排名第三。据康迪威记载，米开朗琪罗认为（拉斐尔）虽然天性谈不上绝顶聪明，但是他"学而不辍，勤以补拙"，无愧于"伟大的艺术家"的称号。拉斐尔最初的画作笔锋犀利，线条粗犷，在不同艺术流派之间摇摆，但经过18年的磨炼，纯粹从数量、多样性与和谐上来说，他创造了一份独一无二的艺术遗产，成为后世艺术家纷纷效仿的对象。拉斐尔通过在佛罗伦萨和佩鲁贾的学习，从乌尔比诺的一个不知名画室的学徒成功跻身于罗马最伟大的艺术家（画家、建筑师及文物修复者）之列。

布雷拉祭坛画：圣母子、天使与圣徒（1472—1474）
皮耶罗·德拉·弗朗西斯卡
米兰，布雷拉画廊

乌尔比诺 艺术氛围

拉斐尔于 1483 年 3 月 28 日（耶稣受难日）凌晨 3 点出生于乌尔比诺。这座小城邦，占地不过 35 公顷，人口不过 7 万，由一些具有骑士风度的公爵统治着这座小城邦，他们都是伟大的艺术的赞助者。巴尔达萨雷·卡斯蒂利奥奈在 1513 年至 1518 年撰写的《朝臣传》（*Il libro del cortegiano*）一书中，以饱含真情的笔触描绘了这座小城邦及其公爵们。这是一片肥沃的土地，由杰出的公爵们治理，比如费德里科·达·蒙特菲尔特罗公爵（Federico da Montefeltro），他从 1444 年开始担任领主，直至 1482 年去世。费德里科聘请建筑师鲁奇亚诺·劳拉纳（Luciano Laurana）和弗朗西斯科·迪·乔治·马尔提尼（Francesco di Giorgio Martini）合力建造了一座庞大的宫殿（其实就是以宫殿的名义建造的一个城镇）。这座宫殿拥有无数奢侈华丽的房间，房间内布满了金帷帐，摆放着古老的银雕像、色彩斑斓的油画和各种乐器，其中一间用作图书馆，盛满了各式各样的书籍。1472 年，费德里科和巴蒂斯塔·斯福尔扎（Battista Sforza）的儿子圭多巴尔多（Guidobaldo）出生，并在其 10 岁时继承了公爵领土。圭多巴尔多 1508 年因糙皮病离世，把继承权给了他的继子，也就是他的外甥（他姐姐乔万娜的儿子）弗朗西斯科·玛利亚·德拉·罗维尔（Francesco Maria della Rovere）。从 15 世纪 60 年代开始，乌尔比诺宫廷作为著名的人文主义中心，吸引着来自欧洲各地的艺术家和知识分子。

《费德里科·达·蒙特菲尔特罗公爵及其夫人巴蒂斯塔·斯福尔扎》双联画
(约1472)
皮耶罗·德拉·弗朗西斯卡
佛罗伦萨,乌菲齐美术馆

涌入这座城市的有艺术理论家、建筑师和画家［比如莱昂·巴蒂斯塔·阿尔伯蒂（Battista Alberti）、弗朗西斯科·劳拉纳（Francesco Laurana）、弗朗西斯科·迪·乔治·马尔提尼、皮耶罗·德拉·弗朗西斯卡（Piero della Francesca）、安东尼奥·波拉约洛（Antonio Pollaiuolo）、贾斯特斯（Justus）和佩德罗·贝鲁格特（Pedro Berruguete）］，也有雕塑家与出色的雕刻工［比如贝奈德托·达·迈亚诺（Benedetto da Maiano）］，还有手艺出众的尼德兰籍挂毯制造商［来自扬·凡·艾克（Jan van Eyck）和罗吉尔·凡·德尔·维登（Rogier van der Weyden）画派］。1469年4月，基督圣体圣血节兄弟会邀请皮耶罗·德拉·弗朗西斯卡到乌尔比诺绘制祭坛画，但是此任务后来却委托给了贾斯特斯，他为乌尔比诺创作了几幅留存至今的杰作，比如《圣母圣子图》（Madonna with the Child）《天使和圣徒》（Angels and Saints，布雷拉祭坛画）这种带有铰链的折合双联式人物肖像画，还有现今保存在乌菲齐美术馆的乌尔比诺公爵夫妇肖像的作品以及保存在乌尔比诺马尔凯国家美术馆的《塞尼加利亚圣母》（Senigallia Madonna）。1472年至1474年，在为圣多纳托教堂创作的《布雷拉祭

◀ **费德里科·达·蒙特菲尔特罗及其儿子圭多巴尔多**（约 1476）
佩德罗·贝鲁格特
乌尔比诺，马尔凯国家美术馆

众门徒的圣餐仪式 | 圣餐礼
（约 1473—1474）
贾斯特斯
乌尔比诺，马尔凯国家美术馆

坛画》（*Brera Altarpiece*）中，有一幅费德里科·达·蒙特菲尔特罗公爵的肖像画。1472 年 6 月 18 日，费德里科征服了沃尔泰拉，画中的他身披战甲，双膝跪地。来自托斯卡纳（Tuscan）的画家分别从绘画的角度以及与乌尔比诺公爵特殊关系的角度，为费德里科和他的儿子圭多巴尔多（Guidobaldo）写了两篇论文，一方面向他们的传统文化底蕴和科学知识致敬，另一方面表明了他们之间的密切关系。

1473 年，弗兰德籍画家贾斯特斯受到极度爱慕北欧艺术的费德里科公爵的亲自邀请，来到乌尔比诺。他为基督圣体圣血节兄弟会绘制了祭坛画《众门徒的圣餐仪式》（*Communion of the Apostles*），而祭坛台座垂直面

名人：欧几里得（1473—1474）
贾斯特斯和佩德罗·贝鲁格特
乌尔比诺，马尔凯国家美术馆

上的绘画则由保罗·乌切洛（Paolo Uccello）绘制，这两件作品都产生了摄人心魄的效果。乌尔比诺宫廷建筑呈现了繁复的晚期哥特式风格，表面涂一层釉彩，绚丽悦目，对光线与细节的关注，从窗户的镶板上就能一目了然。这种镶板是费德里科为他的书房定制的，弗兰德画家贾斯特斯肇其始，西班牙画家佩德罗·贝鲁格特毕其役。费德里科·达·蒙特菲尔特罗及其儿子圭多巴尔多的画像现今保存在乌尔比诺马尔凯国家美术馆，很可能就是由佩德罗绘制的。而佩德罗的到来应该归因于乌尔比诺与阿拉贡宫廷或美第奇宫廷之间的合约。佩德罗的作品自然纯真，栩栩如生，对当地艺术影响深远。

基督圣体圣血节兄弟会指派乔万尼·桑提（Giovanni Santi）（1439年生于科尔博尔多洛，1494年卒于乌尔比诺）为皮耶罗·德拉·弗朗西斯卡提供食宿，并在其逗留乌尔比诺期间照顾他的生活。桑提（拉斐尔的父亲，当时拉斐尔还未出生）出生于马拉泰斯塔的里米尼辖区和蒙特菲尔特罗的乌尔比诺辖区中间小镇上的一个富有的庄园主家庭，是一个富商，从事谷物贸易，也很擅长房地产生意，极受蒙特菲尔特罗公爵宫廷的敬重。在乌尔比诺一个叫蒙特的村庄里，他拥有一间工作坊（后来拉斐尔就出生在这里）。同时，桑提还是圣体协会镀金工的工头，这使得他和一些画家的画室建立了联系，有机会结识众多的知名艺术家（在乌尔比诺生活或曾在这里逗留）。桑提文学底蕴深厚，而且又得到蒙特菲尔特罗公爵家族的支持，因此立志要成为一位画家。在1474年和1480年之间，桑提迎娶了玛吉亚·席亚拉（Magia Ciarla）（拉斐尔的母亲），同年他游历了整个意大利半岛，学习"新艺

圣母子、天使、圣徒与基督复活（1484—1490）
乔万尼·桑提
卡格利，圣多梅尼科教堂提兰尼礼拜堂

瞻仰（约 1488—1490）
乔万尼·桑提
法诺，圣玛利亚教堂

术"。重回乌尔比诺后,在众多杰出人士的帮助下,桑提马上创建了一间在业内举足轻重的画室。同时,在蒙特菲尔特罗家族的支持下,他将对文学、戏剧和话剧的业余爱好变为自己的终生事业。1482年,桑提创作了一篇《诗提报告》(Cronaca Rimata)献给公爵们,同年创作《费德里科·达·蒙特菲尔特罗生平事迹》(Vita e le gesta di Federico da Montefeltro duca di Urbino)一书,这本书花费了很多年才完成,其中涉及了几个与素描和油画相关的有趣话题,有一些跑题了。在此书的第二十册第十六章中,桑提认为制图术是透视图和建筑学的基础,是一种公认的科学,而有些人依然把油画和雕刻看作是照葫芦画瓢式的手艺。之后,他在一份名单中列举了27位画家和11位雕刻家,包括扬·凡·艾克、弗兰德家族的罗吉尔·凡·德尔·维登以及意大利的佩鲁吉诺(Perugino)、吉兰达约(Ghirlandaio)、西诺雷利(Signorelli)、达·芬奇和菲利皮诺·利皮(Filippino Lippi)等,这些人的

缪斯女神:波吕许谟尼亚、克利俄
(1480—1490)
乔万尼·桑提
佛罗伦萨,科西尼宫

缪斯女神：卡利俄柏、忒耳普西科瑞（1480—1490）
乔万尼·桑提
佛罗伦萨，科西尼宫

作品他似乎都接触过。当时，在世的画家中，桑提很崇拜曼特尼亚（Mantegna），尤其是在制图术、创造力、透视技能和古典学术素养等方面。从 15 世纪 80 年代开始，他的画室收到了很多关于绘制教堂油画和奢华祭坛画的委托书。比如，法诺圣玛利亚教堂中的大型镶板画《瞻仰》（Visitation，1488—1490），画面清晰但有些呆板琐碎，或者卡格利圣多梅尼科教堂的提兰尼礼拜堂中的壁画《圣母、圣子与天使》（Madonna and Child with Angels）和他后期作品之一《圣徒和基督复活》（Saints and the Resurrection of Christ），这些画作都体现了他对《诗提报告》中所推崇的科学透视法的热爱。桑提为费德里科公爵宫中的缪斯教堂进行装饰，用《阿波罗》（Apollo）和《缪斯》（Muses）装饰镶嵌画，还为

缪斯女神：埃拉托、墨尔波墨涅（1480—1490）
乔万尼·桑提
佛罗伦萨，科西尼宫

公爵家族的一些成员设计婚礼布置。现今的评论家对这些作品进行了重新评价，认为这些作品"既具有现代特色，又博采众长，有一定的艺术魅力和典雅风度"。然而，它们却不能使瓦萨里满意。对瓦萨里来说，桑提一直都是"一个很有天分的人"，却也是"一位并不出众的画家"。总之，桑提是一位有能力的商人，与公爵关系友好，有很多技能高超值得信赖的支持者［比如埃万杰利斯塔·达·皮安·迪·梅莱托（Evangelista da Pian di Meleto）、吉罗拉谟·真加（Girolamo Genga）、提莫特沃·维提（Timoteo Viti）等］和其他人，因此他的画室一跃成为艺术家在马尔凯大区的集会中心和艺术品生产中心。

学徒时期及早期探索阶段

▶ **天使半身像**（1500—1501）
布雷西亚，马尔蒂内尼奥美术馆

拉斐尔出生于艺术之家，家中有一个成功运作的工作坊（真正为艺术而生）。他的母亲于1491年7月去世，此后他便在工作坊中长大。拉斐尔的父亲发现他在绘画方面颇具天赋，便把绘画技能都传授于他，并让他参与乌尔比诺的许多项目。瓦萨里写道："拉斐尔一天天长大，他的父亲开始训练他的绘画能力，发现他天资聪颖，十分热爱绘画艺术。因此，没过几年，拉斐尔已经成为乔万尼（拉斐尔的父亲）在乌尔比诺的得力助手，帮助父亲创作了许多作品，那时他还是个孩子。"当时的罗马文献记载的"拉斐尔，乔万尼在乌尔比诺的学生"证实了拉斐尔曾给父亲当过学徒。

瓦萨里接着写道："桑提想让儿子进入佩鲁贾的佩鲁吉诺画室。佩鲁吉诺是当时最伟大的画家，而桑提发现自己所能传授给儿子的东西已寥寥无几。"桑提对来自翁布里亚的佩鲁吉诺十分敬重，他们很可能是在15世纪80年代相识于法诺市，两人曾在此地工作，随后成为好友，乔万尼在他的《约翰纪事》（Cronaca Giovanni）一书中，认为佩鲁吉诺是"非凡的画家"，并认为他堪比达·芬奇："列奥纳多·达·芬奇和佩鲁吉诺，两位年轻人年龄相仿、资质相近。"乔万尼第一次拜访佩鲁吉诺并未成功，因为大师不在；第二次拜访他见到了佩鲁吉诺，对方谦恭有礼而又爱才，同意收拉斐尔为徒。

那么这一切是何时发生的呢？至今对于拉斐尔进入佩鲁吉诺画室做学徒的时间仍存在争议。有学者认为，在1494年之前，拉斐尔就进入了繁盛时期的佩鲁吉诺画室，因为乔万尼是在这一年去世的。另有学者认为，这个时间在1500年之后，因为考虑到拉斐尔1500年之前几乎没离开过乌尔比诺。两种假设互相矛盾：桑提死于1494年8月1日，此前他曾受邀为曼托瓦宫廷绘制肖像画，回来后不久便去世了，留下了11岁的拉斐尔和他的第二任妻子贝拉尔蒂娜·迪·皮耶罗·迪·帕特（Berardina di Piero di Parte）（身怀一女）。1494年至1495年，拉斐尔一直住在乌尔比诺，并在父亲的工作坊接受早期培训，其间很有可能经常去佩鲁贾的佩鲁吉诺画室学习。此时，年幼的拉斐尔已经继承了父亲的工作坊，并由埃万杰利斯塔·达·迪·梅莱托负责管理，此人在15世纪80年代曾给拉斐尔的父亲当过助手。

天使半身像（1500—1501）
巴黎，罗浮宫

佩鲁贾，1502—1503

拉斐尔的画作《被钉在十字架上的基督》创作于其早年的困顿时期，那时他被迫在乌尔比诺和其他城市间游荡，直到1504年末才在佛罗伦萨安顿下来。从1500年秋至1501年春，恺撒·博尔吉亚（Cesare Borgia）击退了马拉泰斯塔家族的军队，占领了罗马尼亚和皮翁比诺；1502年，他入侵了乌尔比诺公爵的领地，并迫使蒙特菲尔特罗公爵家族逃到卡斯泰洛城，而后又将之驱赶至威尼斯。1503年，瓦伦蒂诺公爵（即博尔吉亚）攻克了卡斯泰洛城、佩鲁贾和费尔莫。也许拉斐尔曾在这个时期追随过蒙特菲尔特罗公爵，但据记载，1502年末及1503年3月8日，他都在佩鲁贾，并获得了三项重要委托：为圣安东尼姐妹教堂创作《圣母子与圣徒》（Madonna and Child Enthroned with Saints，科隆纳祭坛画），为蒙泰卢切的克拉雷会苦行修女的女修道院创作《圣母升天》（Assumption of the Virgin）以及为圣弗朗西斯科教堂的欧迪家族礼拜堂绘制《圣母加冕礼》（Coronation of the Virgin）。第一幅画作现收藏于纽约大都会博物馆，其画风与以往不同，引发这样的猜想：该画作可能由他人协助完成，且创作时间应延后；第二幅画作拉斐尔没有参与，1505年委托给了另一位艺术家；第三幅画作现收藏于梵蒂冈画

欧迪家族礼拜堂祭坛画（祭坛台座垂直面）：神殿奉献（约1504）
梵蒂冈，梵蒂冈画廊

廊，是莱昂德拉·巴廖内（Leandra Baglioni）（西蒙·达戈里·奥迪的遗孀）订制的，这件作品似乎创作于两个不同的时期，因其上半部分和下半部分风格截然不同——通过特征对比及作品草图，此假设得到证实。

《圣母加冕礼》的上半部分可能是拉斐尔在1502年末至1503年初的几个月绘制的，因为作品中留有佩鲁吉诺式毫无生气的笔迹，并且其中的一些天使和《缪斯》相似，尤其是与桑提为乌尔比诺的蒙特菲尔特罗公爵绘制的《埃拉托》（Erato）极为相像。作品下半部分描绘的场景与祭坛座画［《天使报喜》（Annunciation）《三博士来朝》（Adoration of the Magi）《神殿奉献》（Presentation in the Temple）］类似，应该绘制于更晚的时期。门徒围绕着墓穴，使画面更加生动活泼，空间透视感更强，同时更注重描绘人物的面部表情，展现出列奥纳多·达·芬奇般的风格。收藏于欧洲几个博物馆的草图及祭台座画画板，体现了画家微妙的心理洞察力以及对空间与建筑的极大关注，不过人物的刻画还是模仿了佩鲁吉诺的风格。瓦萨里在评论《欧迪家族祭坛画》（Oddi Altarpiece）时，谈到了拉斐尔和佩鲁吉诺两人作品之间近乎共生的相

圣母子 | 索利的圣母（1502）
柏林，国家博物馆

似度："值得注意的是，拉斐尔学习皮耶罗（佩鲁吉诺）的绘画风格时，在每处细节的模仿上都十分逼真，以至于他的仿品与他老师的原作如出一辙，难辨真伪……"1501年，佩鲁吉诺从佛罗伦萨回到了佩鲁贾，并创建了画室。拉斐尔也和他重新取得了联系，无疑这是一段美好的时光。1500年至1504年，拉斐尔创作了几幅圣母像，如《索利的圣母》（Solly Madonna）、《在圣杰罗姆、圣弗朗西斯之间的圣母子》（Madonna with the Child between

持书的圣母子（1502—1503）
帕萨迪纳，诺顿西蒙美术馆

Saints Jerome and Francis）、《迪奥塔莱维圣母》（Diotallevi Madonna），这些作品现今都藏于柏林国家博物馆。以迷人的弗兰德景色为背景的《持书的圣母子》（Madonna and Child with Book，现藏于帕萨迪纳诺顿西蒙美术馆），有一幅草图现存放于牛津大学的阿什莫林博物馆。《读书的圣母》（Madonna with the book，现藏于圣彼得斯堡）是拉斐尔于1504年为阿尔法诺·迪·迪亚曼特（Alfano di Diamante）绘制，迪亚曼特是圣库①的财务总管，佩鲁贾的主要人物，人文主义者，与皮科·德拉·米兰多拉有过来往。画作中典型的佩鲁吉诺式的人物造型经由令人赞叹的现实主义技巧予以呈现，绚丽的色彩为之增添了活力。与佩鲁吉诺不同的是，所绘人物体型健硕，情感表达方式新颖。

在这些作品中，拉斐尔刻画的圣子的姿势不同，表情各异；圣母则温柔甜美、脸庞圆润光鲜，有的读书，有的轻轻抚摸着基督的脚和肩膀。画作背景有富有诗意的小镇，也有草地、雪山、枯树、湖泊和城堡。《在圣杰罗姆、圣弗朗西斯之间的圣母子》这幅画中有平图里乔的印记，证实了不到20岁的拉斐尔曾到意大利中部和托斯卡纳周边短住过。瓦萨里在书中回忆他的锡耶纳之行及他和平图里乔的关系时，谈及平图里乔在锡耶纳大教堂比克罗米尼藏书室内绘制的湿壁画《艾伊尼阿斯·西尔维乌·比科罗米尼的生活场景》（Scenes from the Life of Aeneas Silvius Piccolomini）时，瓦萨里曾说平图里乔是"拉斐尔的朋友，深知他日后会成为一位出色的绘图师，便把他带到了锡耶纳。在那里，拉斐尔为平图里乔的项目绘制了一些草图和素描。但他没有继续做下去，当时列奥纳多·达·芬奇正在庇护二世宫殿的房间绘制一组骑士草图，该草图精美绝伦，准备绘制于西格诺瑞亚宫的大厅。作品完成后受到锡耶纳画家的热捧；同时，米开朗琪罗·博那罗蒂笔下的裸体人物甚至比达·芬奇的作品更受追捧；拉斐尔，出于对卓越艺术的热忱，渴望欣赏更多的艺术作品，于是他放弃了这份工作，放弃了自身的优势和舒适的环境，前往佛罗伦萨"。拉斐尔绘制的锡耶纳主题系列画作中的两幅"临摹画"及三幅绘画，足以证明瓦萨里所说属实，其中《艾伊尼阿斯·西尔维乌·比科罗米尼在巴尔赛会议上的背叛》（Departure of Aeneas Silvius Piccolomini for the Council of Basel），精美非凡，现藏于佛罗伦萨乌菲齐美术馆。

---

① 13世纪至14世纪，为保护教皇国，教皇在欧洲建立了广泛的财政体系，并在中央设置最高财政管理机构。——译者注

圣母的婚礼（1504）
全图
局部见 34—35 页
米兰，布雷拉画廊

超越佩鲁吉诺

从 1503 年末至 1504 年末，拉斐尔完成了他早已在翁布里亚大区和马尔凯大区开始的项目。在卡斯泰洛城，他绘制了《圣母的婚礼》（*The Marriage of the Virgin*），这幅祭坛画是为圣弗朗西斯科教堂阿尔比齐尼礼拜堂所作。作品于 1504 年完成，落款为："拉斐尔·圣齐奥，1504，现藏于布雷拉画廊。"该画是模仿皮耶罗·佩鲁吉诺 1500 年至 1504 年绘制的祭坛画。而佩鲁吉诺的祭坛画是受圣若瑟堂兄弟会的传教者委托，为佩鲁贾大教堂中的礼拜堂所绘的，那里是圣母的结婚指环的存放处。佩鲁吉诺的《圣母的婚礼》，藏于卡昂艺术博物馆，它与拉斐尔的《圣母的婚礼》极为相似，这表明当时的委托人特别注明要按佩鲁吉诺的绘画模式进行绘制。虽然拉斐尔模仿佩鲁吉诺，但是拉斐尔却技高一筹。佩鲁吉诺的画作中有一座位于中轴线上的大型神殿（所罗门神殿），背景设置与 1481 年佩鲁吉诺在梵蒂冈西斯廷教堂绘制的壁画《基督授钥匙于圣彼得》（*Delivery of the Keys*）相似，画中参加圣母婚礼的人物都绘制于前景显著的位置，这样画面就变成了一个二维空间。而拉斐尔却创作了一个复合空间，通过画作板面的尺寸及画中各要素的不同比例突出神殿的垂直立体感，使得神殿圆顶的线条看上去好像把这座广场和围观者环绕了起来。神殿的拱顶、圆柱及壁柱结构呈现出更为复杂的双层结构，加上光影的巧妙利用，使得神殿的空间立体感更加突显，有高大华丽之感。

当然，拉斐尔在作品中考虑到了与中心建构模式有关的建筑理论，该理论在莱昂·巴蒂斯塔·阿尔伯蒂写的《建筑论》（*De re aedificatoria*）

圣母的婚礼（1481）
皮耶罗·佩鲁吉诺
卡昂，艺术博物馆

第七章及弗朗西斯科·迪·乔治·马尔提尼的专著中都有描述。拉斐尔用自己独特的方式观察模仿对象（此作品的模仿对象是佩鲁吉诺的作品），然后用新颖绚丽的画法超越他们。正如瓦萨里所说："也是在这座城市（卡斯泰洛城），拉斐尔为圣弗朗西斯科教堂绘制了一幅小型板画《圣母的婚礼》（Marriage of Our Lady），从这幅画中可以看出拉斐尔日渐增长的精美绝伦的技艺，已经赶超了皮耶罗（佩鲁吉诺）。作品中的神殿，运用透视法绘制，精益求精，令人一见倾心。在其专业领域中，拉斐尔一直都寻求克服重重难关，让人叹为观止。"

致敬蒙特菲尔特罗公爵家族

前往佛罗伦萨之前,拉斐尔为乌尔比诺贵族绘制过几幅小型的精美油画,如《骑士的愿景》(Vision of a Knight)、《美惠三女神》(The Three Graces)、《圣米迦勒屠龙》(Saint Michael and the Dragon)、《圣乔治屠龙》(Saint George and the Dragon)。《圣米迦勒屠龙》和《圣乔治屠龙》现藏于罗浮宫,可能是乔万娜·费尔特里亚·德拉·罗维尔(Giovanna Feltria della Rovere)为了纪念她的丈夫乔万尼·德拉·罗维尔(Giovanni della Rovere)和儿子弗朗西斯科·玛利亚(他们都是圣米切尔军勋章骑士)以及她的父亲费德里科和弟弟蒙特·圭多巴尔多(嘉德勋章骑士),委托拉斐尔所作。弗朗西斯科·玛利亚于1503年被授予圣米切尔军勋章,并于1504年5月10日在罗马被他无子嗣的舅舅领养,成为蒙特菲尔特罗公爵的继承人。

这两幅充满活力的画作从类型学的角度出发,结合了《被钉在十字架上的耶稣》祭坛座画中人物的特点,表明拉斐尔曾对光线进行过认真研究。《骑士的愿景》《美惠三女神》这一组画作可能是为了悼念朱利奥·德·美第奇而作,他曾居住在乌尔比诺宫廷,于1503年至1504年被驱逐,画作曾在17世纪中期存放于伯盖斯博物馆。这两幅画作,制作精美,画家所表现出的

骑士的愿景（1503—1504）
全图
局部见 37 页
伦敦，国家美术馆

美惠三女神（1503—1504）
尚蒂伊，孔代博物馆

圣米迦勒屠龙（1503—1504）
全图和局部
巴黎，罗浮宫

娴熟的绘制肖像画的技巧就像谱写了一曲青春颂歌，被视为一座艺术丰碑的两面。

现藏于乌菲齐美术馆的两幅肖像画《伊丽莎白·冈萨加肖像》和《圭多巴尔多·达·蒙特菲尔特罗肖像》，庄重华丽，创作于同一时期。据1631年的一份资料记载，伊丽莎白·冈萨加是蒙特菲尔特罗公爵的妻子，是巴尔达萨雷·卡斯蒂利奥

圣乔治屠龙（1503—1504）
巴黎，罗浮宫

伊丽莎白·冈萨加肖像（约1504）
佛罗伦萨，乌菲齐美术馆

圭多巴尔多·达·蒙特菲尔特罗肖像
（约1504）
佛罗伦萨，乌菲齐美术馆

奈伯爵在他的《廷臣论》中所描述的聚会中精致的女主人。

画中公爵夫人佩戴的天蝎宝石头饰有特殊的意义，因为她极其迷恋占星术（星座）和神秘科学。拉斐尔笔下的公爵夫人高贵典雅，带有达·芬奇风格，预示着佛罗伦萨画风的到来。

《圭多巴尔多·达·蒙特菲尔特罗公爵肖像》中的人物，眼睛蓝蓝的，佩戴着金饰品，披着黑色的丝绒披风，一头棕色长发上戴着一顶金黑色四角帽，同样魅力超凡。据1623年的记录，这幅肖像画的作者为拉斐尔。这是一幅情感色彩强烈，画风严肃的肖像画，给人一种阴郁感，与背景中阳光明媚的郊外风光形成了强烈的反差。

◀ 草地上的圣母 | 圣母子和圣约翰 | 美景宫的圣母（1506）
局部
维也纳，艺术史博物馆

1504—1508
佛罗伦萨

佛罗伦萨——16世纪初期

拉斐尔来佛罗伦萨的初衷是为了一睹《安吉里之战》(The Battle of Anghiari) 和《卡辛那之战》(The Battle of Cascina) 的素描画，两位伟大的艺术家达·芬奇和米开朗琪罗正准备到维奇奥宫绘制这两幅画作。1504年底，21岁的拉斐尔带着乔万娜·费尔特里亚·德拉·罗维尔（费德里科·达·蒙特菲尔特罗公爵的女儿）的推荐信来到了托斯卡纳。该信1504年10月1日写于乌尔比诺，收信人是皮尔·索德里尼（Pier Soderini）："……该信持有者拉斐尔，来自乌尔比诺，是一位才华横溢的画家，欲在佛罗伦萨进修若干日。其父品德高尚，对我忠心耿耿。拉斐尔安静朴实、礼貌谦恭，若其技艺能进一步得以锤炼，必将大有可为。市长阁下，我将拉斐尔委托给您，恳请看我的薄面，予以惠顾。"这段内容非常重要，它表明拉斐尔在蒙特菲尔特罗宫廷颇受重视，也显示了桑提家族和公爵们及乔万娜本人之间亲密的关系。信中还阐述了拉斐尔去佛罗伦萨的原因："学习研究，完善技艺。"在蒙特菲尔特罗公爵宫廷的庇护下，他在佛罗伦萨畅行无阻。

佛罗伦萨是意大利最具生命活力和艺术气息的城市之一。在这里，蓄势待发、雄心勃勃的艺术家们可以砥砺自我，一展才华。此时的拉斐尔已在翁布里亚大区和马尔凯大区初试身手，他早在锡耶纳时就听说过达·芬奇和米开朗琪罗在佛罗伦萨的宏伟计划，所以非常渴望一睹大师的风采。正如乔万娜·费尔特里亚所描述，拉斐尔是一位谦默守静、彬彬有礼、清新俊逸的年轻人。就像我们从其自画像（藏于乌菲齐美术馆）中所看到的那样，拉斐尔一头棕色长发，双眸深邃睿智，双唇丰腴，皮肤白皙，高高的前额在黑色帽子的衬托下更加突出，衬衫的白色荷叶领从黑色长袍中露了

拉菲尔自画像（1506）
佛罗伦萨，乌菲齐美术馆

出来，显得脖颈更加细长。优雅简洁的着装是那个时期知识分子和人文主义者的标配。

美第奇家族被流放后，佛罗伦萨经历了一场长达数年的政治危机。在历经多次派系权力纷争后，终于创建了以皮尔·索德里尼为首的共和政府。1502年11月1日，索德里尼被推选为佛罗伦萨的终身行政长官，他追求艺术共性，指派当时最伟大的两位艺术家达·芬奇和米开朗琪罗负责一项宏伟的计划，要他们在维奇奥宫（市政府所在地）会议大厅内绘制两幅佛罗伦萨大捷的壁画。达·芬奇于1503年接到委托：负责绘制《安吉里之战》，该战役发生在1440年，以米兰军队的失败告终。

1504年1月，达·芬奇开始绘制草图。米开朗琪罗于同年6月8日刚完成《大卫》这座雕塑，便接受委托在同一大厅绘制《卡辛那之战》（1364年7月28日佛罗伦萨攻

科隆纳祭坛画：圣母子与圣徒
（1503—1505）
纽约，大都会艺术博物馆

克比萨之战）。当达·芬奇还在尝试在墙壁上作画的技法时，米开朗琪罗已经绘制了壁画草图。五百人大厅成了先锋绘画的中心，吸引了来自意大利各地的艺术家。遗憾的是，壁画没有保存下来，但一些草图和图纸几经沧桑，得以传世，供一代代年轻的艺术家学习研究。

瓦萨里说，拉斐尔来到佛罗伦萨，看到如画的风景、密布的历史遗迹，兴致满满，喜不自胜，便决定多逗留一段时间。拉斐尔结交了一些圈内的朋友，比如亚里士多德·达·桑加罗（Aristotele da Sangallo）和里多尔夫·德尔·吉兰达约。他与一些要人也有来往，比如塔代奥·塔德尔（Taddeo Taddei）[皮耶罗·本博（Pietro Bembo）的一位朋友，与乌尔比诺宫廷有关系]就说过类似的话："希望拉斐尔一直在家里住下去，全家人一起用餐。"——这对年轻画家来说是无上的荣光。

艺术人生——拉斐尔 47

科隆纳圣坛装饰画（垂直面）：受难之路（1503—1505）
伦敦，国家美术馆

穿梭于佩鲁贾和乌尔比诺之间

拉斐尔在佛罗伦萨，一直保持与佩鲁贾及乌尔比诺之间的联系，因其业务需要经常往返于两座城市，完成已开始的项目或去接受新的委托。比如，在佩鲁贾，他要继续绘制《科隆纳祭坛画》（The Colonna Altarpiece）、弦月窗上的《圣母子与圣徒》[《彼得、保罗、凯瑟琳和玛格丽特》（Peter, Paul, Catherine and Margaret）、《愿圣父赐福于天使与基路伯》（God the Father Blessing with Angels and Cherubim），现均收藏于纽约的大都会艺术博物馆]，还有三幅祭坛座油画《耶稣生平的场景》（Scenes from the Life of Christ），现分别存放于纽约博物馆、伦敦国家美术馆及波士顿的伊莎贝拉·斯图亚特·加德纳博物馆。该祭坛画是佩鲁贾帕多瓦圣安东尼圣殿的姐妹修道会于1503年定制，拉斐尔那时正忙于新的具有佛罗伦萨风格的作品，以至于这幅祭坛画在众人的协助下直到1505年才完成，所以作品呈现的画风是不一致的。尽管这幅祭坛画有些不成熟，并且深受佩鲁吉诺和平图里乔的影响，但是它已经展现出新的风格：巴尔托洛梅奥的佛罗伦萨风。巴尔托洛梅奥后来成了拉斐尔的密友。

1503年，拉斐尔签约为大雅台贫苦修道院绘制祭坛画《圣母升天》和新的《圣母加冕礼》（Coronation of the Virgin），后者将由他与博托·迪·乔万尼（Berto di Giovanni）（佩鲁吉诺的学生）共同绘制。1505年，拉斐尔就合同内容重新进行谈判。作品原型描述的主题和吉兰达约1486年为纳尔尼的圣热罗尼莫教堂绘制的祭坛画主题相同。但是，拉斐尔对这个项目不太感兴趣，便放弃了。该作品于1525年（拉斐尔死后）由朱利奥·罗马诺（Giulio Romano）和乔万·弗朗西斯科·彭尼（Giovan Francesco Penni）共同完成。1505年，在佩鲁贾，正当拉斐尔的《科隆纳圣坛装饰画》即将完成时，他收到了另一份委托，便全身心投入其中。

安西帝礼拜堂祭坛画：安西帝圣母（1505）
伦敦，国家美术馆

三位一体与圣徒（1505）
佩鲁贾，圣塞韦罗教堂

一位匿名青年的肖像（1504—1506）
牛津大学，阿什莫林博物馆

一位年轻女人的肖像（1504—1506）
伦敦，大英博物馆

这份委托要求拉斐尔为圣母玛利亚修会教堂的安西帝礼拜堂绘制《圣母子、施洗者圣约翰及巴里的圣尼古拉斯》（Saint John the Baptist and Saint Nicholas of Bori）[又名《安西帝祭坛画》（Ansidei Altarpiece）]，现和最后一幅幸存下来的祭坛座油画《施洗者圣约翰传道》（Saint John the Baptist Preaching）均藏于伦敦国家美术馆。该作品的构图模板同样是佩鲁吉诺风格，并且是仿照存放在梵蒂冈画廊内的《十人祭坛画》（Decemviri Altarpiece）以及佩鲁吉诺15世纪末至16世纪初期的作品绘制的，体现了客户对此类样式的喜爱。而拉斐尔的作品却呈现出了不一样的效果，画作中所描绘的建筑物和人物更加质实。他通过光的微妙变化突出华盖、王座的线条以及墙体拱门的边框，展现了人物衣着、珠宝、书本和十字架的细节。拉斐尔为佩鲁贾的圣塞韦罗教堂绘制的壁画《三位一体与圣徒》（Holy Trinity and Saints）于1505年签署完成并注明日期，从中我们可以看到更多的佛罗伦萨画风。该作品是拉斐尔通过模仿巴尔托洛梅奥于15世纪末至16世纪初期为佛罗伦萨圣母玛利亚修会教堂绘制的壁画《最后的审判》（The Last Judgement）进行创作的。《三位一体与圣徒》完成于1521年，其中六个人物由佩鲁吉诺绘制。

伟大的转折

佛罗伦萨时期是拉斐尔人生重大的转折点。他的画风最初依然非常接近佩鲁吉诺、平图里乔及西诺雷利，但技艺进步非常快，瓦萨里在书中记载："我不得不说，拉斐尔来到佛罗伦萨后，欣赏了许多大师的杰作，其绘画技能得到大幅提升，与早期的风格截然不同，这也是大家公认的……"在佛罗伦萨，艺术家们研究古代作品原型，探讨如何模仿经典、现代和自然风格的画作。一些像拉斐尔那样的艺术家十分珍视古典时代的作品，对他们来说这些并不是对原作的复制，而是代表一种透过想象力重塑"美"的能力。拉斐尔在1514年写给巴尔达萨雷·卡斯蒂利奥奈伯爵的信中阐释了这一理念，他写道："由于缺乏良好的评判标准和美丽的女模特，我创作时全凭灵感。"

他（拉斐尔）学习研究15世纪艺术家的作品，发掘他们作品中的感染力和表达力，比如马萨乔（Masaccio）、多纳泰罗（Donatello）、卢卡·德拉·罗比亚（Luca della Robbia），还有同时期的米开朗琪罗与列奥纳多·达·芬奇。他与达·芬奇结交，并得以观看其图纸，所以能吸收消化达·芬奇作品所呈现的韵律、格调和人物心理刻画，并转化为自己独有的"绘画语言"，具有极高的表现力。这点可以从拉斐尔1504年至1506年创作的优美华丽的巨型作品中看出：藏于伦敦大英博物馆的《人头像》（The Head of a Man）、《一位年轻女人半身肖像》（The Half-length Portrait of a Young Woman）、牛津大学阿什莫林博物馆的《一位年轻人的肖像》（Portrait of a Youth）以及藏于巴黎罗浮宫的另外一幅《一个年轻人的肖像》，这些都是活

大公爵之圣母（约1506）
佛罗伦萨，皮蒂宫，帕拉蒂娜画廊

生生的性格分析的代表作。

拉斐尔对《安吉里之战》的底图进行深入研究，并认真观察了《丽达与天鹅》（Leda and the Swan）及当时在佛罗伦萨圣母领报大殿展览的达·芬奇作品《圣母子与圣安妮及施洗者圣约翰》（Virgin and Child with Saint Anne and Saint John the Baptist，藏于伦敦国家美术馆）。他（拉斐尔）还研究诸如《蒙娜·丽莎》（Mona Lisa）和《柏诺瓦圣母》（Benois Madonna）等作品，领会其中结构规划的逻辑及"不安的灵魂"，然后用自己不拘一格、浑然天成的手法呈现出来。众所周知，米开朗琪罗嫉妒拉斐尔的创作，因此他的很多作品拉斐尔都无法观赏，不过拉斐尔肯定是有机会看到了米开朗琪罗绘制的《卡辛那之战》的草图，见过《大卫》《圣家庭》（Holy Family）以及其他作品。这些作品的细节、姿态及动感深深吸引了拉斐尔。

特拉诺瓦圣母 | 圣母子与圣约翰、圣童（1504—1505）
柏林，国立博物馆

佛罗伦萨圣母

拉斐尔，这位来自翁布里亚的艺术家，很快在佛罗伦萨声名远扬。商人和银行家，如阿格诺罗·多尼（Agnolo Doni）、塔代奥·塔德尔、洛伦佐·纳西（Lorenzo Nasi）、多梅尼科·卡尼吉安尼（Domenico Canigiani），羊毛公会和商会成员都委托拉斐尔绘制圣母玛利亚、圣家庭主题的作品，甚至委托他绘制15世纪末已经盛行的肖像画。画室成批绘制这些画作，艺术家画技如何就体现在对传统作品的改变和革新程度上。佩鲁吉诺继续绘制着同样的模型设计图样，而米开朗琪罗、达·芬奇和拉斐尔则开辟了新的领域，将笔下人物以不同的姿态呈现于不同的空间中，并专注于人物间情感关系的表达。

拉斐尔深入研究了圣母子这一主题，并绘制了几幅圣母玛利亚的个体画，比如《大公爵之圣母》（Madonna of the Grand Duke，约1506），现藏于佛罗伦萨皮蒂宫帕拉蒂娜画廊，还有其他描述圣家庭的更复杂的作品。所以，他在佛罗伦萨的最后一段时期，创作了许多不拘一格、宏伟壮观的作品，几乎具备了前巴洛克的风格。

按创作时间先后，第一幅是《特拉诺瓦圣母》（Madonna Terranuova）[《圣母子与圣约翰、圣童》（Madonna with the Child, Saint John and a Child Saint）]，该作品依然具有翁布里亚画风，1854年从塔拉诺瓦公爵处转至柏林国立博物馆，直至今日。这是一幅圆形浮雕，画中圣母依靠在栏杆上，深情地注视着三个孩子，其身后是无垠的旷野。她左手的姿势表明拉斐尔曾经无比细心地揣摩过达·芬奇作品的风格，尤其是后来遗失的《岩间圣母》（Virgin of the Rocks）。此作品金字塔型的构图方式也来自达·芬奇：在这种结构下，第三极点就是第二个顶着光环的婴儿，姿势呈倾斜状的圣子则来自《圣母子与圣安妮》（Virgin and Child with Saint Anne）的底图。作品的每一部分均显现出拉斐尔自己的风格：优雅、柔美、平衡。

据传记作家菲利普·巴勒迪努齐的记载，现收藏于维也纳艺术史博物馆的《草地上的圣母》（Madonna del Prato）[又名《美景宫的圣母》（Belvedere Madonna）]，于16世纪收藏于塔德尔家中，画作中圣母长袍的领口处标注的完成日期为1506年，可以据此信息认定《草地上的圣母》就是瓦萨里所记载的拉斐尔为塔代奥·塔德尔绘制的两幅木版画之一。该画作曾于

草地上的圣母 | 美景宫的圣母 | 圣母子和圣约翰（1506）
维也纳，艺术史博物馆

1773年收藏于维也纳的美景宫，故又名《美景宫的圣母》。画中圣母玛利亚坐在草地上，身后是一片广阔无垠的北国风光。她慈爱地扶着圣子，而圣子正在玩圣约翰手中的十字架，十字架是耶稣受难的象征。这里的金字塔型结构也是仿照达·芬奇《圣母子与圣安妮》的底图设计的。无论是人物轮廓还是人物间微妙的情感关系，拉斐尔既完美呈现了各种形体之间的和谐状态，又再现了各种人物之间微妙的情感联系。我们可以看到，《金翅雀圣母》(Madonna of the Goldfinch)（佛罗伦萨乌菲齐美术馆）的布局与之相似，创作时间与之相近。《金翅雀圣母》创作于1505年至1506年1月23日，为庆祝在此期间举办的洛伦佐·纳西和桑德拉·迪·马特奥·迪·乔万尼·卡尼吉安尼（Sandra di Matteo di Giovanni Canigiani）的婚礼而作，是拉斐尔最著名的作品之一。瓦萨里在描述拉斐尔和纳西"伟大的友谊"时说："……在画中他绘制了一位圣母，圣子站在她的双腿中间，对面的小圣约翰满心欢喜地递给圣子一只金翅雀，两人开心地玩耍着。"16世纪的历史学家赞誉画中圣子"活生生的肉体"与圣母的"高雅神圣"，并讲述了作品遭遇的"恶运"：1548

金翅雀圣母 | 圣母子和圣约翰（1505—1506）
全图和局部
佛罗伦萨，乌菲齐美术馆

年11月17日圣乔吉奥山坍塌，冲走了纳西的房屋及房中一切。纳西的儿子对画作进行了修复，使之真正得以"幸存"下来。今天我们有机会再欣赏到作品中协调的景、柔和的光线、"晕涂法"的颜色，要归功于2008年的再次修复，这一切都凸显了画中三个人物的心理活动，拉斐尔通过对真人真事的观察，摄取某些生活片段，然后根据自己的审美理想将它们转化成图画。他

《美丽的女园丁》草图（约 1507）
尚蒂伊，孔代博物馆

美丽的女园丁 | 圣母子和施洗者约翰（1507）
全图和局部
巴黎，罗浮宫

绘画的灵感不仅得益于达·芬奇的作品，也部分来源于德斯德里奥·达·塞蒂尼奥诺（Desiderio da Settignano）和卢卡·德拉·罗比亚创作的浮雕以及米开朗琪罗的《布鲁日圣母》（Bruges Madonna），这幅画于 1506 年被运至法兰德斯。在此基础上，拉斐尔将画作的每一部分用自己和谐、精致的绘画语言展现，在曾经绘制的工笔画中使用浅色透明釉，使人物表情、脸部线条与微笑既真实又理想化。作品的每一部分都体现了他个人画作和谐的风格：通过光线细腻地展示了绘画语言，以透明釉呈现了人物的表情，细致入微的面部线条和笑容交相辉映，真诚而完美。

据瓦萨里所述，现藏于罗浮宫的《美丽的女园丁》（La Belle Jardinière）上面有作者签名，签署日期为 1507 年，该作品通常被认为是为锡耶纳贵族菲利普·塞卡迪（Filippo Sergardi）（利奥十世会议厅成员）而作，先由拉斐尔绘制，后由里多尔夫·吉兰达约完成。这幅作品被锡耶纳的弗朗西斯一世购买，是拉斐尔的金字塔型圣母画中最为复杂的一幅。作品绘制前，拉斐尔进行

卡尼吉安尼的圣家族（1507—1508）
慕尼黑，老绘画陈列馆

棕榈树下的圣家族（约 1507—1508）
爱丁堡，苏格兰国家美术馆

了多次研究并充分借鉴了米开朗琪罗（圣子的姿态和《布鲁日圣母》如出一辙）和达·芬奇[《圣约翰跪地敬拜》(*Saint John Kneeling in Adoration*)]的风格，娴熟地使画面中的细节融合在一起。

收藏于慕尼黑老绘画陈列馆的《卡尼吉安尼的圣家族》(*Canigiani Holy Family*)更是精致无比。在圣母领口处写着"拉斐尔·圣齐奥"，瓦萨里曾提到，该作品属于佛罗伦萨多梅尼科·卡尼吉安尼的继承人。很可能是 1507 年为多梅尼科（一位富有的商人）和卢克雷奇娅·弗雷斯科巴尔迪（Lucrezia Frescobaldi）的婚礼而定制，创作于 1507 年至

布里奇沃特圣母 | 圣母子（1507）
慕尼黑，苏格兰国家美术馆

1508年。作品中的主要人物都为成对设计，圣若瑟（Saint Joseph）处于金字塔结构的顶端。作品顶部唱诗班的天使分列在两边，下面的风景被圣若瑟隔开分为两部分，这都突出了作品中的对称性。这种循环动感结构将观赏者的目光从圣母身上转移到中间的圣子身上，而后又上升到圣伊丽莎白和圣若瑟，最后画面落在了顶部的唱诗班天使，抓住了观赏者的目光。

在这一时期，拉斐尔还创作了其他几幅圣母作品：如现藏于爱丁堡苏格兰国家美术馆的《棕榈树下

尼科利尼·考珀圣母（1508）
华盛顿，国家美术馆

的圣家族》(Holy Family with a Palm Tree，约1507—1508)，画中圣家族坐在棕榈树前，草地上铺满了树叶和鲜花，体现了典型的弗兰德风格，还有《布里奇沃特圣母》(Bridgewater Madonna)也存放于此，绘制于1507年，画中圣子弯曲的姿势类似于米开朗琪罗为塔代奥·塔德尔绘制的木板画中的圣子。现分别藏于华盛顿美国国家美术馆和慕尼黑老绘画陈列馆的《尼科利尼·考珀圣母》(Niccolini-Cowper Madonna)，画作上注有日期(1508)，与《坦比圣母》(Tempi Madonna)几乎为同时期作品，代表了拉斐尔在这个时期的最新的艺术成就：米开朗琪罗风格的透视技巧、日益精准的心理探究、挥洒自如的表达方式，使拉斐尔在表现温柔慈爱的母子之情方面可谓登峰造极。

坦比圣母（1508）
慕尼黑，老绘画陈列馆

圣家族 | 没有胡须的圣若瑟圣家族（1505—1506）
圣彼得堡，埃尔米塔日艺术博物馆

未曾忘却的乌尔比诺

拉斐尔一直在为蒙特菲尔特罗公爵效力，更准确地说，他一直在为家乡乌尔比诺奉献，这座城市常被拉斐尔提及，终其一生，都是他衡量一切的坐标。1507年他确实在乌尔比诺。谈到拉斐尔为圭多巴尔多·达·蒙特菲尔特公爵绘制的三幅作品[两幅小尺寸《圣母像》（Madonna）和一幅《园中祈祷》（Agony in the Garden）]时，瓦萨里说："这些微型画质量上乘，已臻至境，无以复加。"据推测，这两幅《圣母像》就是存放在圣彼得堡埃尔米塔日艺术博物馆的《圣家族》[又名《没有胡须的圣若瑟圣家族》（Madonna with the Beardless Saint Joseph）]和存放于巴黎郊区的尚蒂伊孔代博物馆的《奥尔良圣母》（Madonna of Orléans），这两幅作品均绘制于1505年至1507年。《园中祈祷》现已遗失，据皮耶罗·本博在1507年5月6日写的一封信得知，这件作品并不是受圭多巴尔多公爵委托绘制的，而是公爵夫人乔万娜·费尔特里亚送给卡玛尔迪神父的礼物。1508年4月，在拉斐尔写给叔父

奥尔良圣母（1506—1507）
尚蒂伊，孔代博物馆

圣家族和羔羊（1507）
全图和局部
马德里，普拉多博物馆

西蒙·恰拉（Simone Ciarla）的信中提到自己为公爵夫人绘制了一幅《圣母像》。

这幅《圣母像》很可能就是现藏于华盛顿国家美术馆的《小考佩尔圣母》（The Small Cowper Madonna）；画作中乔万娜的父亲费德里科的圣贝纳迪诺陵墓清晰可见。《圣家族和羔羊》（Holy Family of the Lomb）（藏于马德里普拉多博物馆），其画幅短小、精致典雅，可能绘制于乌尔比诺，作品上留有作者署名与日期 1507 年。受达·芬奇的《圣母子与圣安妮》的启发，《圣家族和羔羊》呈现了温馨活泼的家庭氛围，画中年老的圣若瑟饶有兴致地看着圣子，圣子由圣母扶着，骑在一只羊羔上面。画中近似超现实主义的北国风光和叙述格调让我们相信该作品的委托人应该是一位贵族，与《圣乔治屠龙》第二版（现存于华盛顿国家美术馆）的情况类似，后者创作于约 1506 年，由圭多巴尔多·达·蒙特菲尔特罗公爵定制，

而后送给了一位英国显要。巴尔达萨雷·卡斯蒂利奥奈伯爵所提到的这幅精致的小型木板画是公爵为回馈亨利七世授予其圭多巴尔多嘉德勋章骑士而定制（勋章的题词在圣徒的腿上），抑或是为吉尔伯特·塔尔博特（Gilbert Talbot）爵士定制，因其1504年秋把勋章带给了（圭多巴尔多）公爵。该作品比藏于罗浮宫的早期作品更显成熟，画中马缰绳上留有"拉斐尔"的署名，从中不难看出拉斐尔在佛罗伦萨学习期间受达·芬奇影响之深。风景画有明显的弗兰德格调，属于典型的汉斯·梅姆林风格。《基督的祝福》（Christ Blessing）似乎也受到了弗兰德原型的影响，这幅画很可能是为乌尔比诺一位颇具艺术眼光的客户而绘制，由佩扎罗一个古老的艺术收藏处转入布雷西亚马尔蒂内尼奥美术馆。

小考佩尔圣母（1505—1506）
华盛顿，国家美术馆

圣乔治屠龙（1504—1505）
华盛顿，国家美术馆

基督的祝福（1505）
布雷西亚，马尔蒂内尼奥美术馆

《下十字架》

1507年，拉斐尔在佛罗伦萨工作的同时，还穿梭于乌尔比诺与佩鲁贾之间，此时拉斐尔完成了现收藏于罗马博盖塞画廊的《下十字架》（The Deposition），并为之署名落款，注明日期。该作品布局紧凑，人物众多，其创作几年前开始于佩鲁贾，是委托人阿塔兰特·巴廖内（Atalanta Baglioni）为了纪念死于1500年7月的儿子格瑞弗（Grifone）而定制，格瑞弗不幸在佩鲁贾的一场家族恶斗中被谋杀。委托人指定画作要放在佩鲁贾圣弗朗西斯科·阿尔·普拉托教堂内的巴廖内礼拜堂内。该祭坛画1608年被分割，中间部分现藏于博盖塞画廊。祭坛座画为单色圆形画，内容是《神学三德》（Theological Virtues）里的三则寓言，现藏于梵蒂

巴廖内礼拜堂祭坛画：下十字架（1507）
全图和局部
罗马，博盖塞画廊

哀悼基督——为《下十字架》作的草图（1502—1503）
牛津大学，阿什莫林博物馆

冈画廊；顶部的《永恒天父》现收藏于佩鲁贾国家美术馆。拉斐尔在该祭坛画的创作上耗时较长，共绘制了二十多幅草图，从中可以追踪作品从初创到完成的整个过程。作品最初的原型来自《哀悼基督》(Lamentation over the Dead Christ)，拉斐尔对其进行了少许改动。《哀悼基督》是1495年佩鲁吉诺为佛罗伦萨圣克莱尔修道院所作（现藏于皮蒂宫帕拉蒂娜画廊）。

这一点从牛津大学（阿什莫林博物馆）收藏的一幅图纸可以清楚

▶ **巴廖内礼拜堂祭坛画：下十字架**
（1507）
局部
罗马，博盖塞画廊

看出，该图纸呈现的是：基督躺在圣母和抹大拉的玛利亚的膝盖上，她们坐在地上，身边围着一群人。从收藏于牛津大学和伦敦大英博物馆的另外一些图纸中可以看到，拉斐尔如何表现基督"下葬"和圣母玛利亚"悲痛"这两个主题，并通过一位强壮的抬尸人将此二者联系起来；抬尸人可能就是年轻的格瑞

弗——他用尽力气抬着基督毫无生命气息的躯体，背部都弯成了拱形。在其他图纸中，我们可以看到拉斐尔绘制的群体与个体人物草图，直到最终版，基督由两个人抬着，抹大拉的玛利亚悲痛欲绝地望着耶稣，伸出手臂去抚摸他，而圣母则晕厥在虔诚的女人们的臂弯中。还有两幅呈左右对称布局的图纸，很多人环绕在《下十字架》中核心人物的左右，右侧是虔诚的女人们，左侧是施洗者圣约翰、亚利马太的约瑟夫以及尼哥底母。

该祭坛画取得了震撼人心、引人入胜的效果。画作中向右转身蹲坐的一位女性，很明显受到了米开

《哀悼基督》草图（1504—1505）
巴黎，罗浮宫

朗琪罗《圣家族》(Doni Tondo)的启发;除这个人物之外,年轻的抬尸者也受米开朗琪罗作品中人物的启发而创作。但是,整幅作品散发着古典文化的气息,这是因为拉斐尔通过在翁布里亚大区和马尔凯大区研究古老的石棺,学习西诺雷利及曼特尼亚的作品,甚至他们的复制品,从而汲取到了他们的艺术精华。对于这幅作品,瓦萨里用充满钦佩的语气说道:"在无比神圣的画面中,死去的基督正被抬入坟墓,人物绘制得如此鲜明,情真意切,爱护有加。乍看之下,像是刚完成的作品一样。拉斐尔对这种悲痛之情感同身受:至亲至爱的亲人

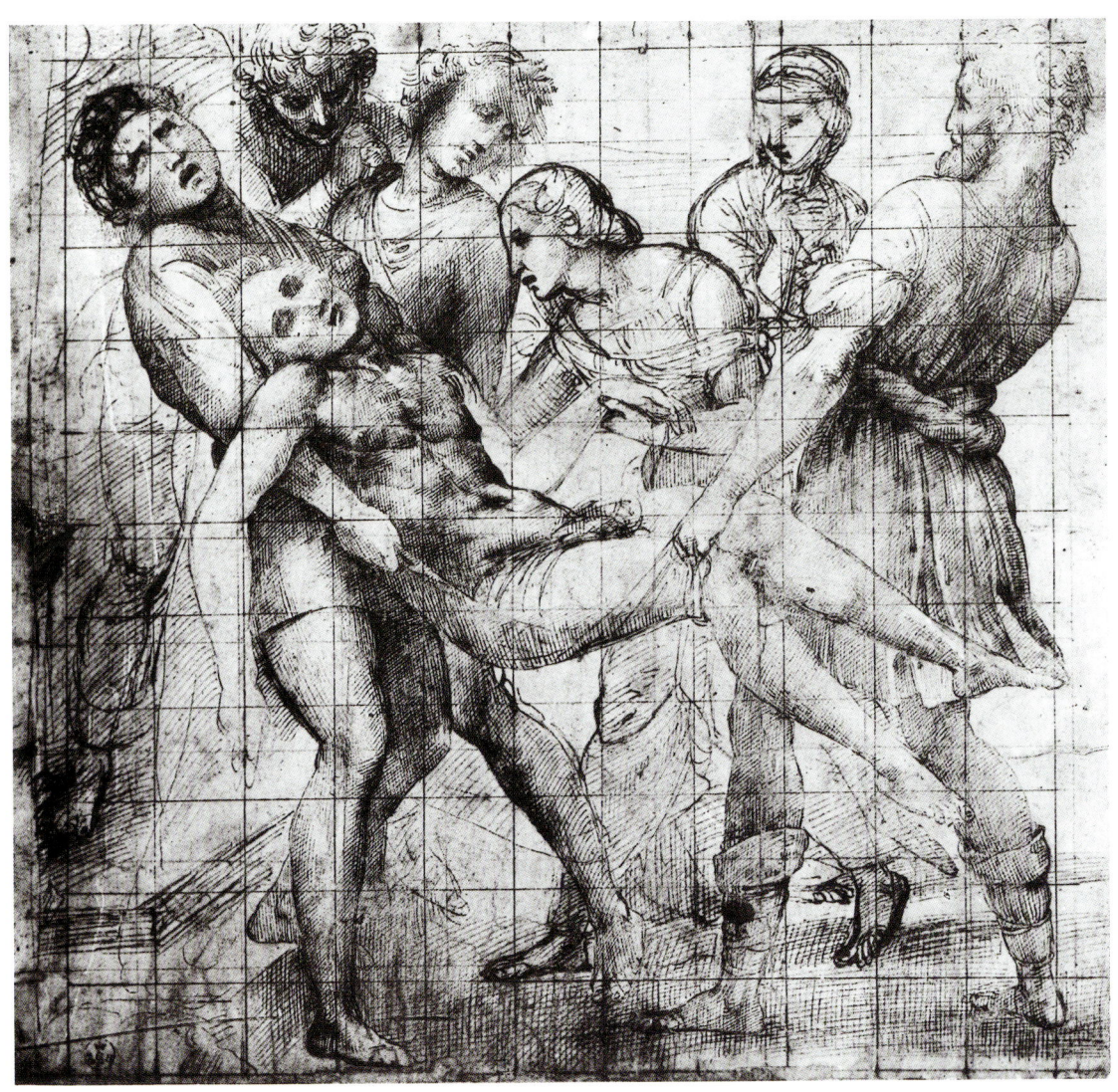

《哀悼基督》中核心人物草图(1506—1507)
佛罗伦萨,乌菲齐美术馆图纸与版画室

巴廖内礼拜堂祭坛镶嵌画：神学三德（1507）
梵蒂冈，梵蒂冈画廊
* 从上至下分别是《博爱》和《希望》，下页是《信仰》

离世，现在要安置他的遗体，全家人的快乐之源、荣耀之根、希望所在全化为泡影，真让人情何以堪。"瓦萨里借用委托人阿塔兰特的感受，评论此画"真情投入、艺术高超、魅力无穷"。夸张的人物姿态、人物与风景浑然一体水晶般透明的釉色，吸引了从温克尔曼（Winckelmann）到夸特梅尔·德·昆西（Quatremère de Quincy）再到雅各布·布克哈特（Jacob Burckhardt）等新古典主义者和浪漫派的目光，他们都对此叹为观止，但在 20 世纪此画作却遭到了某些批评家前所未有的严厉批判。拉斐尔曾效仿达·芬奇和米开朗琪罗不断寻求表现英雄气概与悲剧氛围的形式，其实在此过程中，他开创了一种祭坛画的新风格，使一个栩栩如生、活灵活现的"故事"，脱离传统艺术样式的束缚，跃然于纸上。

佛罗伦萨的中产阶级

拉斐尔寄居佛罗伦萨时期还绘制过一些肖像画,该题材在15世纪下半叶几经变迁,迥异于前。

受古代钱币上的人头像的启发,肖像画曾是为庆祝某事或纪念某人而绘制的人物轮廓,现在则不然,肖像画变得更加逼真,这反映了一个欣欣向荣的中产阶级正在崛起。受弗兰德派影响,现在的肖像画需要展现描述对象独特而翔实的面部特征。15世纪末,多梅尼科·德尔·吉兰达约(Domenico del Ghirlandaio)为新圣母玛利亚教堂绘制的壁画和达·芬奇的作品《基涅弗拉·奔茜》(Ginevra Benci)、《音乐家的肖像》(Portrait of a Musician)、《抱银鼠的女子》(Lady with an Ermine)中,不再只刻画模特的身体外貌,还会描绘模特的性格特征。在拉斐尔绘制的图纸和壁画中,他特别注重对肖像"头部"的研究学习。在佛罗伦萨时,他沿着达·芬奇开辟的道路,从心理学层面对人物个性进行了更深入地研究。拉斐尔在1504年前后绘制了《拿苹果的青年男子》(Young Man with an Apple)(现存于佛罗伦萨乌菲齐美术馆),画中年轻的贵族男子坚定的表情与强而有力的嘴唇折射出人物不屈不挠的品格。人们普遍认为,画中男子就是圭多巴尔多·达·蒙特菲尔特罗的外甥弗朗西斯科·玛利亚·德拉·罗维尔,他于1504年继承了舅舅的爵位,成为乌尔比诺大公。肖像画按照弗兰德传统设计成四分之三半身像,通过色彩的明暗对比将画中年轻人的一头棕色直发、带有貂皮领的红披风以及高贵典雅的气质等细节一一呈现，同时，通过光线反射将衣领以下部分也表现得非常精细入微。

众多佛罗伦萨的中产阶级都曾让拉斐尔为其绘制过肖像画，如《玛达莱娜·多尼肖像》（Maddalena Doni）和《阿格诺罗·多尼肖像》（Agnolo Doni）（藏于佛罗伦萨皮蒂宫帕拉蒂娜画廊）。两幅画中的人物于1504年结婚。这两幅作品都以托斯卡纳风景为背景，可能是1506年前后绘制的双联画的一部分，瓦萨里曾提及这两幅肖像画："阿格诺罗·多尼在佛罗伦萨时，花钱一如既往地谨慎小心，却愿意以最经济的方式把钱花在绘画和雕塑作品上，且乐在其中，虽然也尽量少花一分是一分。他委托拉斐尔为自己和妻子绘制的肖像画，为乔万·巴蒂斯塔（Giovan Battista）所收藏。拉斐尔运用新方式绘制这两幅肖像画，画中人住的房子美丽宽敞，和阿格诺罗在坎托德利阿尔贝蒂附近的蒂多利街建造的一样。"玛达莱娜穿着低领真丝连衣裙，配着黄金腰链和扣子，手戴三枚戒指，脖子上挂着一条精美的黄金吊坠项链，上面镶着绿宝石、红宝石、蓝宝石，还有一颗硕大的珍珠（可能是结婚礼物）。但是，受《蒙娜·丽莎》的影响，画中端坐者头发中分，用一条丝带固定，拉斐尔却用几何图形和色彩协调了这些他独有的绘画手法，予以展现。画中人物的表情和蒙娜·丽莎神秘莫测的微笑不同，我们看到的是一副阴沉沉的、有些许不信任的痛苦表情，一看就知道是一个性格"苛责"的女人。她的丈夫是布匹商人，宝石收集者，也是米开朗琪罗的赞助者，米开朗琪罗曾为其绘制《圣家族》。拉斐尔在画中将其描绘成一位对自己的身份地位心满意足的人，衣着考究：黑色紧身上衣，红衣外套，里面穿着白色蕾丝衬衫。拉斐尔最引人入胜的两幅肖像画《抱独角兽的女子肖像》（Portrait of a Lady with a Unicorn）（罗马博盖塞画廊）和《一位妇女的肖像》（Portrait of a Woman）[又名《怀孕的女人》（La Gravida），现存放于佛罗伦萨皮蒂宫帕拉蒂娜画廊]很可能始作于1506年。

鲍格才收藏机构在1760年的清单记录中将第一幅作品记录为佩鲁吉诺的《圣凯瑟琳》，1935年修复之前，罗伯特·隆吉（Roberto Longhi）一直将此画归于拉斐尔名下。作品的归属在清洁之后得到了证实，确为拉斐尔的作品。在复绘的厚厚色彩下面呈现的是一位年轻美丽的女子，抱着一只独角兽——纯真的象征。这极有可能是一幅受

拿苹果的青年男子（约 1504）
佛罗伦萨，乌菲齐美术馆

阿格诺罗·多尼肖像（1506）
佛罗伦萨，皮蒂宫，帕拉蒂娜画廊

玛达莱娜·多尼肖像（1506）
佛罗伦萨，皮蒂宫，帕拉蒂娜画廊

抱独角兽的女子肖像（约 1506）
罗马，博盖塞画廊

《蒙娜·丽莎》启发绘制的婚礼肖像画，为一位富有的中产阶级女子而作，其身份尚未探知，从收藏于罗浮宫的精致绝佳的草图可以得知，拉斐尔对画中女子脸部的观察可谓细致入微。

画中人物端坐在两根宫殿的柱子中间，背后是一片田园风光，少女锐利的目光，骄傲昂起的头部，明暗对比的色彩，都淋漓尽致地诠释了这位年轻的新娘正满心欢喜地憧憬着未来。《一位妇女的肖像》（又名《怀孕的女人》），在卡西诺·美第奇（Casino Medici）17世纪中叶的财产清单中记载如下："身穿女仆装的女人，头戴帽子，双臂戴套袖"，没有注明作者。1813年，在佛罗伦萨皮蒂宫的一份财产清单中有这样的描述："身穿红衣、头戴发网的怀孕女人"，该作品从19世纪初期以来便被认为是拉斐尔所作，鲜有例外。虽然画中人物是谁我们无从得知，但空间与色彩的完美均衡则表现出1506年至1507年拉斐

一位妇女的肖像 | 怀孕的女人（1506—1507）
佛罗伦萨，皮蒂宫，帕拉蒂娜画廊

尔艺术的典型特点，他在该时期的画作和里多尔夫·吉兰达约的作品有些许类似，从瓦萨里那里我们得知，吉兰达约和拉斐尔曾是朋友关系。此二人都曾研究达·芬奇的设计图样，并将之转化为运用少量典雅又锐利的颜色勾画精确而简洁的表现形式。

1710 年，存放在佛罗伦萨皮蒂宫的《一位妇女的肖像》（*Portrait of a Woman*）[又名《哑女》（*La Muta*）]于 1927 年收藏于乌尔比诺公爵宫马尔凯国家美术馆，直至今日。19 世纪和 20 世纪，作品的作者是谁都曾遭到质疑，但质疑在 1983 年的实验室测试中得以解除，实验发现，该画表层颜料之下是拉斐尔早期绘制的图纸，线条清晰明亮。画中女子老去的脸庞和双肩引发人们的猜想，据猜测拉斐尔是后来补充完成这一作品的。此人可能是拉斐尔的主顾乔万娜·费尔特里亚·德拉·罗维尔，她于 1501 年成为寡妇。这幅绘制于 1507 年至 1508 年的肖像画令人印象深刻，很显然，画作受到了达·芬奇新技巧的影响，而拉斐尔借助主人公精致的、修剪过的双手上透露出的一丝不安，表现了她不可揣测的心理，进而对此类肖像画进行了令人拍手称奇的推陈出新。

一位妇女的肖像 | 哑女（1507—1508）
全图和局部
乌尔比诺，马尔凯国家美术馆

《华盖圣母》

拉斐尔在佛罗伦萨接受了一项重要的委托：为圣神教堂中的代家族礼拜堂绘制祭坛画《加冕圣母与天使、圣徒》（Virgin Enthroned with Angels and Saints）[又名《华盖圣母》（Madonna of the Canopy）]；但是，拉斐尔在绘制期间突然中断创作离开佛罗伦萨去了罗马。瓦萨里说："他（拉斐尔）已经开始创作，且简图马上就要完成了。"这幅未完成的作品最终没有送达预订者手中。拉斐尔死后，巴尔达萨雷·图里尼（Baldassarre Turrini）将此图买下，并放在了他在派西亚大教堂的家族礼拜堂中，直到1550年。1697年，斐迪南·德·美第奇（Ferdinando de'Medici）买下了这幅作品，后来拿破仑在全意大利查抄艺术作品，该祭坛画便辗转到了罗浮宫和布鲁塞尔，最后回到了最初的收藏地——佛罗伦萨帕拉蒂娜画廊。1506年7月20日，里涅里·迪·贝尔纳多·代（Rinieri di Bernardo Dei）在其临终遗嘱中对这幅作品有所交代，实际上该作品是在其继承人皮耶罗指示下于1507年完成的，皮耶罗那一年从里昂来到佛罗伦萨完婚。作品描绘的圣母玛利亚坐在高高的宝座上，头顶华盖，四位圣徒分列两侧；两个天使举着华盖，圣母子因此得以展现在人们面前；右侧是教会之父和神学家圣奥古斯汀（Saint Augustine），神学家注视着外面，正邀请观者观看中间圣母和圣子的奇迹，圣奥古斯汀后面是圣雅各；左侧是圣彼得（Saint Peter）和西多会的创始人圣伯纳德（Saint Bernard）；两个带翅膀的丘比特式儿童站在宝座底部，使得焦点更加集中突出。整幅作品置于半圆形结构的房间之内，上方是方格状半圆屋顶。

艺术家在该幅巨作的绘制过程中继续采纳了他以往的艺术手法，

华盖圣母 | 加冕圣母与天使、圣徒
（1507—1508）
全图和局部
佛罗伦萨，皮蒂宫，帕拉蒂娜画廊

通过大量研究，吸纳了多纳泰罗的建筑风格，也借鉴了卢卡·德拉·罗比亚的圣母子形象。真正开始绘制时，拉斐尔参考了洛伦佐·迪·克雷迪（Lorenzo di Credi）对釉色的选择、列奥纳多·达·芬奇的光线和情感渲染法。作品呈现的效果犹如新的《神圣的对话》（Sacra Conversazione）。后来拉斐尔对此作品又进行了润色，使之最终成了整个16世纪的典范。1508年4月21日，可能是正在绘制这幅作品的过程中，拉斐尔写信给乌尔比诺的叔父西蒙·恰拉，在信中提到"草图将在这一年的复活节前完成"。当时作品虽未完成，但仍备受赞赏，不亚于今日。在1991年时对该作品进行了修复，此次修复表明该画作中除了柱子上的横纹为1697年添加，其余部分全部出自拉斐尔之手。

原藏于萨尔维亚蒂收藏馆的《圣母子》（Virgin and Child）[又名《科隆纳圣母》（Colonna Madonna）]，创作于拉斐尔在佛罗伦萨和罗马之间奔波的时期，该作品十分优美生动，现存放于柏林国立博物馆。该画与《坦比圣母》相似，作者融入了列奥纳多·达·芬奇作品的主题，同时参考了15世纪多纳泰罗和卢卡·德拉·罗比亚的雕塑风格。《亚历山大的圣凯瑟琳》（Saint

圣母子 | 科隆纳圣母（1507—1508）
柏林，国立博物馆绘画陈列室

Catherine of Alexandria）（藏于伦敦国家美术馆）应该是拉斐尔在佛罗伦萨创作的最后几幅作品之一，有学者将它与巴廖尼家族祭坛画《抹大拉的玛利亚》（Magdalene）相比，另有学者认为创作时间为拉斐尔在署名室工作时，因画中弯曲的身体和明亮的色彩，是典型的米开朗琪罗风格。该画受列奥纳多·达·芬奇影响，融入了15世纪的主题和古典雕塑的色彩，很可能创作于1507年至1508年。

亚历山大的圣凯瑟琳（1507—1508）
伦敦，国家美术馆

◀ **教皇格里高利九世颁布教令**（1511）
局部
梵蒂冈，梵蒂冈画廊署名室

1508—1520 / 罗马时期

重大举动

1508年底，拉斐尔突然离开佛罗伦萨，前往罗马，中断了《华盖圣母》的创作。瓦萨里说："拉斐尔之所以离开，是因为当时效忠于教皇尤利乌斯二世的布拉曼特（Bramante），给拉斐尔写了一封信，信中提到，近期教皇决定要在梵蒂冈宫新建许多房间，作为拉斐尔的远亲以及同胞，布拉曼特三番五次地拜托教皇尤利乌斯二世，希望在罗马给拉斐尔提供机会展现个人价值。因此，拉斐尔放弃了在佛罗伦萨的工作，丢下代订制的未完成的油板画，毅然决然地去了罗马。"

1503年，朱利亚诺·德拉·罗维尔（Giuliano della Rovere）成为教皇尤利乌斯二世。他虽被称为"好战教皇"，却深知伟大的艺术对政治影响巨大。15世纪最受尊重的教皇之一尼古拉五世临终时曾说过："宏伟的教堂彰显教会的权利。"于是尤利乌斯便开始了自己伟大的计划：开通茱莉亚大道，委派布拉曼特重建圣彼得广场。1507年11月，教皇决定离开前任教皇的居所，搬去尼古拉五世建造的梵蒂冈宫的上层套房。前任教皇亚历山大六世来自博尔吉亚家族，备受世人鄙视，其居所原由平图里乔装饰，现由布拉曼特监管进行了一些结构改造后，四个房间（署名室、艾略多罗室、康斯坦丁室和博尔戈火灾室）的装修工作便开始了。

教皇尤利乌斯二世的意图是通过重述"教会征战和凯旋"的军事与政治思想，突出教会"重视教皇权威"的历史。因此，意大利各地的伟大艺术家——索多玛（Sodoma）、布拉曼特、达·芬奇、赖潘达（Ripanda）、洛托（Lotto）、佩鲁齐（Peruzzi）和西诺雷利——于1508年10月前，纷纷应召来到罗马。

瓦萨里认为拉斐尔是经布拉曼特推荐而获此机会，因为他们是同

天花板壁画：署名室（1509—1511）
梵蒂冈，梵蒂冈画廊

胞。也不排除另一种可能，那就是和当初拉斐尔去佛罗伦萨的情况类似，蒙特菲尔特罗家族，尤其是弗朗西斯科·玛利亚·德拉·罗维尔可能参与了此事，并且再次帮助了拉斐尔。弗朗西斯科·玛利亚·德拉·罗维尔是乔万娜·费尔特里亚的儿子，又是教皇的外甥，在1508年4月后成为乌尔比诺大公。在罗马，重要委任的机会众多，前景无限，又加上教皇尤利乌斯二世的庇护，种种原因使拉斐尔毅然决定离开佛罗伦萨，前往罗马这座永恒之城。的确，到罗马后，拉斐尔得到机会，开始为署名室的第一面墙创作壁画，当时索多玛负责天顶画的创作。1509年1月13日，拉斐尔因为创作湿壁画收到了第一笔酬金。

署名室

该房间是尤利乌斯二世的私人图书馆,是复杂装修工程的第一步。因 1540 年教皇保罗三世执政期间,教会法院听证会(署名会)在此举行,故而得名,这里的画像应体现房间作为教皇的私人图书馆的用途。因此,在这里要呈现古老的"自然的真理"与基督教"揭示的真理"相吻合的过程。在"辩论"[即《圣体辩论》(*The Disputation of the Sacrament*)]中耶稣基督揭露了真相,得到了神学家、心理学家以及

天花板壁画:哲学(1509—1511)
局部
梵蒂冈,梵蒂冈画廊署名室

天花板壁画：诗歌（1509—1511）
局部
梵蒂冈，梵蒂冈画廊署名室

教会博士的赞美。拉斐尔超越传统创作架构，所绘内容不再是15世纪一群名人在房间中一字排开的场景，取而代之的是来自不同时期的一群人，形态各异，犹如真实发生的场景。

画中人物呈半圆形排列，分属上下两个区域，大小重合：下半部分以安放圣体的祭坛为中心；上半部分人物则围绕在三位一体周围。在这些人物中，我们能看到贝亚托·安杰利科（Beato Angelico）、秃顶的布拉曼特、弗朗西斯科·玛利亚·德拉·罗维尔（存疑）、教皇尤利乌斯二世、

天花板壁画：亚当和夏娃 | 原罪
（1509—1511）
局部
梵蒂冈，梵蒂冈画廊署名室

登上王位的教皇格列高利九世、戴头巾的萨伏那洛拉（Savonarola）和但丁。在富丽堂皇的空间里，有人高谈阔论，有人指手画脚，有人走来走去，作者选用绚烂的色彩丰富每个细节，精心塑造每一处。拉斐尔创作该壁画时运用了大量图纸（温莎、牛津、尚蒂伊），为此，他不仅研究空间画法，还吸纳了达·芬奇和巴托洛梅奥的诸多理念。作品所呈现出的颠覆性、震撼性效果使教皇目瞪口呆，无以言表。1509年10月8日，教皇赐予拉斐尔"钦定速记师"头衔，使之有了固定的收入和教皇法庭的职位。此外，瓦萨里还说："尤利乌斯教皇因此毁弃了其他艺术大师的创作，无论新旧。因此，在参与装修工作的众多艺术家中，拉斐尔独享所有荣誉。事实上，拉斐尔在某种程度上挽救了部分索多玛的天顶画。来自维切利的索多玛在天顶画中创作了八角形和形状奇异的檐口，在这些檐口上，拉斐尔用湿壁画创作了许多看似真实的镶嵌式圆形浮雕，内容是有关神学、正义、哲学和诗歌的化身。他接着修复了长方形截面上的《亚当和夏娃》（*Adam and Eve*）、

《所罗门的审判》（The Judgement of Solomon）、《天文学》（Astronomy）及《阿波罗和玛尔叙阿斯》（Apollo and Marysas），经鉴定，这些作品都留有索多玛的手迹。

对面墙上，拉斐尔的杰作《雅典学院》（School of Athens）同样独特新颖，展现了来自不同时期的人对理性真理的探求。受布拉曼特设计的新圣彼得大教堂的启发，该壁画的背景是宏伟壮观的建筑，其中殿敞开，犹如一个镜框舞台，多组人物在舞台中展现自己，柏拉图的一只手指向天空，亚里士多德则指向大地，（在油画中亚里士多德占据着中轴）。其他哲学家和学者，他们的姿势反映出他们的思想。壁画前景中的希腊哲学家赫拉克利特，身体蜷曲，脸部是米开朗琪罗的肖像，该人物是在壁画完成之后另行添加

圣体辩论（1508—1509 后期）
全图
局部见 97—101 页
梵蒂冈，梵蒂冈画廊署名室

雅典学院（1509）
全图和局部
梵蒂冈，梵蒂冈画廊署名室

到湿灰泥墙上的。壁画完工后，米开朗琪罗于1511年8月14日受尤利乌斯之命，在西斯廷教堂为这幅壁画揭开了幕布。

在署名室的另外两面墙上，拉斐尔创作了《帕纳索斯山》（Parnassus）和《神学三德》，并注明日期为1511年。署名室北墙，高耸于美景宫之上，拉斐尔于1510年至1511年，在此墙壁窗户上方的半圆壁上绘制了诗歌女神缪斯栖居之地《帕纳索斯山》。阿波罗靠在月桂树下拉奏里拉琴，几位缪斯女神分立于其左右，18位古今诗人聚拢在其周围，萨福和品达两位诗人位于壁画前方，相对而坐。尽管许多人物的身份没有明确，但我们还是可以辨认出荷马、但丁和维吉尔。为了解决空间问题，拉斐尔把人物安排在山上，并将人物放大，然后在山脚的左右两侧加了两幅单色画：《奥古斯阻止烧毁维吉尔的〈埃涅阿斯纪〉》和《亚历山大大帝将荷马的著作置于阿喀琉

雅典学院（1509）
局部（左一为拉斐尔自画像）
梵蒂冈，梵蒂冈画廊署名室

斯的坟墓上》，如同一个底座。南面墙上，拉斐尔绘制了《神学三德》，下面则是为了庆祝教规和罗马法而颁布的《皇帝查士丁尼颁布罗马法典》(Justinian Receiving the Pandects from Tribonian)和《教皇格里高利九世颁布教令》(Gregory IX Approving the Decretals)。这里，拉斐尔再次在有窗户的墙面上进行创作，他按照建筑中各种附属物的情况把墙分为三部分进行绘制，充分利用了墙的高度。

帕纳索斯山（1511）
局部
梵蒂冈，梵蒂冈画廊署名室

帕纳索斯山（1511）
全图
局部见 106—107 页
梵蒂冈，梵蒂冈画廊署名室

艺术人生——拉斐尔

南墙的弧形壁饰：神学三德（1511）
梵蒂冈，梵蒂冈画廊署名室

最上面绘制的是象征"勇敢""智慧""节制"的寓言,据柏拉图所述,这些美德可以判定一个人是否正直公正。画中人物宏伟壮观,极具米开朗琪罗风格。据瓦萨里记载,得益于布拉曼特,拉斐尔才能看到"尚在建设中"的西斯廷教堂,这让米开朗琪罗深受困扰。

在下面的两幅画中,拉斐尔绘制了当代人物:装扮成格列高利九世的尤利乌斯二世,留着胡须——在意大利北部战役期间他蓄起了胡须,结果战役遭遇失败,而他也在1511年6月返回时病倒了。围绕在尤利乌斯二世周围的都是高级教士和红衣主教,包括乔万尼·德·美第奇(Giovanni de' Medici),即后来的利奥十世。作为一个卓越的代表作,这一幅画特别体现了拉斐尔在肖像画上的高超技能。

《皇帝查士丁尼颁布罗马法典》和《教皇格里高利九世颁布教令》(1511)
局部
梵蒂冈,梵蒂冈画廊署名室
* 出自南墙的弧形壁饰《神学三德》

艺术人生——拉斐尔

艾略多罗室

1510年夏，尤利乌斯二世向法国国王路易十二（Louis XII）宣战，意在将其逐出意大利。尤利乌斯不幸战败，1511年6月27日返回罗马后就病了。战争失败的耻辱导致宫殿内"各室"（即房间）装饰计划有了大改变，虽然房间依然需要装饰，但从会客室开始，因为内墙装饰图之一源自《旧约》（Old Testament）里的故事片段，所以会客室现在被称为艾略多罗室。教皇丢掉了博洛尼亚，又遭到北方多个城市的反抗，再加上几个红衣主教在比萨召开会议，意图在法国的支持下将其从教皇的位置上废黜。此时此刻，重申教会的神权和俗权（教皇处理世俗事务的）显得尤为重要。拉斐尔在内墙上绘制了《赫利奥多罗斯被逐出圣殿》（The Expulsion of Heliodorus from the Temple），完好地

赫利奥多罗斯被逐出圣殿（1511）
全图和局部
梵蒂冈，梵蒂冈画廊艾略多罗室

博尔塞纳的弥撒（1512）
全图和局部
梵蒂冈，梵蒂冈画廊艾略多罗室

保留了赖潘达和佩鲁齐1508年至1509年绘制的天花板的原装饰画。该壁画以富丽堂皇的建筑为背景，国王塞琉古（Seleucus）曾命令赫利奥多罗斯（Heliodorus）抢占本属于寡妇、孤儿的财宝，这种做法是对神圣寺庙的亵渎。画作前景的右侧是神的使者，他们把赫利奥多罗斯逐出了神殿，满足了跪在画中暗处祈祷的神父的愿望；左侧，在惊慌的寡妇和孤儿中间，坐在轿子上的人就是教皇尤利乌斯二世，抬轿人中，有一个就是拉斐尔的自画像。

《博尔塞纳的弥撒》（Mass at Bolsena）中的场景描述了教皇和教会历史上的另外一个故事片段：一位来自波斯米亚的神父在做弥撒的过程中，基督的血从圣体（面包）中慢慢流淌出来。拉斐尔利用窗户周围的空间，绘制出了一个古典建筑的背景。画中的尤利乌斯二世跪拜在神父和主祭面前,红衣主教和他的瑞士侍卫守在旁边。画中尤利乌斯二世蓄有胡须,由于教皇的胡须是在 1512 年 3 月 12 日剃掉的,因此,该作品应该创作于此日期之前。在这一场景中,拉斐尔展现了自己超强的色彩掌控能力,像极了威尼斯和弗兰德画家的风格。拉斐尔将自己的艺术领域拓展到对强烈而饱满的光线的运用,使丝绸和天鹅绒织物闪烁着厚重、浓烈而明亮的光泽。

《拯救圣彼得》(*Liberation of Saint Peter*)中的场景取自《使徒行传》(*Acts of the Apostles*)有关的故事片段,我们从中可以推测出 1512 年 6 月事件发生的情形。当时教皇的土地从法国人手中获得了解放,尤利乌斯二世为了感恩,花费了 3

拯救圣彼得（1512）
全图和局部
梵蒂冈，梵蒂冈画廊艾略多罗室

天时间一路朝拜到罗马。拉斐尔用强烈的光线对比描述了故事的三个关键时刻：天使幻影出现、圣彼得重获自由和狱卒发现情况。黑色的栅栏与天使散发出的耀眼光芒形成了强烈反差，瞬间把这种对比推向了巅峰，营造出一种神圣而虚幻的效果——纵使此刻的自然之光（月亮、火把和太阳）映红了地平线。

1513年2月20日至21日，尤利乌斯二世卒于罗马，拉斐尔悲痛万分。利奥十世即乔万尼·德·美第奇继位，他是一位伟大的艺术赞助者和古物爱好者。新教皇继位后，拉斐尔完成了艾略多罗室的装修工作，绘制了壁画《利奥一世会面阿提拉》（Meeting Between Leo the Great and Attila），天顶画《火焰中的荆棘》（Burning Bush）、《以撒的献祭》（Sacrifice of Isaac）、《出现在

天花板壁画：利奥一世会见阿提拉（1513）
全图
局部见 118—119 页
梵蒂冈，梵蒂冈画廊艾略多罗室

诺亚面前的上帝》（*God Appears to Noah*）以及《雅各的梦想》（*Jacob's Dream*）。创作《利奥一世会面阿提拉》的最初想法开始于尤利乌斯二世在位期间。画作中新主人公利奥十世想假借利奥一世的事迹，大显自己的神威，让人想起他从拉文纳监狱出逃之事。壁画中，拉斐尔描绘了利奥十世骑在马背上，上方有两个天使护送，击退了带领一

天花板壁画：艾略多罗室（1513）
梵蒂冈，梵蒂冈画廊

群匈奴士兵的阿提拉，周围火光四闪，满目疮痍，而教皇利奥十世身后则是灿烂祥和的罗马风光。画中教皇的和平姿态暗示他将给基督教带来安宁，恢复教会和罗马的威严。

1514年8月1日，拉斐尔拿到了署名室和艾略多罗室绘制作品的薪酬，同时接替同年3月11日去世的布拉曼特的工作，被委任为"圣彼得的总设计师"。

博尔戈火灾室

下一个要装修的房间是教皇的私人餐厅,博尔戈火灾室因壁画《博尔戈火灾》(Incendio di Borgo)而得名,该壁画创作于1514年,是该室第一幅也是唯一一幅完全出自拉斐尔之手的作品。拉斐尔那时事务繁忙,在壁画绘制上极其依赖他画室的助手——从朱利奥·罗马诺到乔万尼·达·乌迪内(Giovanni da Udine),从乔万·弗朗西斯科·彭尼到拉法埃利诺·德尔·科莱(Raffaellino del Colle),他们绘制了《奥斯提亚战役》(Battle of Ostia)、《查理曼大帝加冕礼》(The Coronation of Charlemagne)和《利奥三世的辩解》(The Justification of Leo III),这些作品都与教会和教皇的历史事件有关。《博尔戈火灾》[又名《博尔戈的大火》(The Fire at Borgo)]中的关键事件,改编自

博尔戈火灾 | 博尔戈的大火(约1514)
梵蒂冈,梵蒂冈画廊博尔戈火灾室

埃涅阿斯和安喀塞斯（约 1514）
局部
梵蒂冈，梵蒂冈画廊博尔戈火灾室
* 出自博尔戈火灾 | 博尔戈的大火

《埃涅阿斯和安喀塞斯》草图（1510）
维也纳，阿尔贝蒂娜博物馆
* 出自博尔戈火灾 | 博尔戈的大火

《教宗录》（*Liber Pontificalis*）。据记载，847年，教皇利奥四世（画中是利奥十世的容貌）在当年的圣彼得大教堂门廊的祷告，竟然奇迹般熄灭了古罗马博尔戈地区的大火。拉斐尔绘制了一个扣人心弦、真实的戏剧性场景，画面中有砖墙，暗指早期教堂的石柱，有石砌路、台阶以及因受惊而尖叫的人们：女人们哭天抢地，孩子们被吓坏了，有的男人背着老人，有的女人极力解救自己的孩子，还有一个高大的男子攀爬在墙上。整幅作品充满戏剧色彩，显然受到西斯廷教堂中米开朗琪罗壁画的影响——拉斐尔汲取了其中的紧张氛围和经典的人物形象。我们从这幅作品中可以看到，拉斐尔的作品在空间感的塑造上更加成熟，手法更加自由洒脱。不断涌来的各种委托几乎将拉斐尔压垮，于是他将第三个和第四个房间的壁画留给助手完成——他把图纸和素描给助手，但是最后的"修正"由自己完成。此时，利奥十世又委派

博尔戈火灾 | 博尔戈的大火（约 1514）
局部
梵蒂冈，梵蒂冈画廊博尔戈火灾室

拉斐尔为西斯廷教堂创作 10 幅壁毯的素描。

1515 年 8 月 27 日，拉斐尔被任命为执政官、罗马文物保护者、项目主管，负责所有艺术项目（梵蒂冈凉廊、普赛克凉廊、玛达玛庄园的壁画）、建筑项目（圣彼得大教堂、基吉赛马训练场、圣埃利奇奥·德里·奥雷菲基小教堂、波波洛圣母教堂的基吉小圣堂、玛达玛庄园、布兰科尼奥宫殿）和城市项目的管理工作。从 1516 年开始直至去世，拉斐尔都和他著名的画室为罗马做了大量事务，比当时任何艺术家所留下的印记更为深刻。同时，通过拉斐尔对古希腊、古罗马原始资料的了解和不断深入的研究，使罗马城得以复兴并恢复了生机。

圣母玛利亚的祭坛画和其他画作

在负责梵蒂冈宫装修期间,拉斐尔在整个罗马都闻名遐迩。他在教廷担任要职,用自己独特的艺术风格为教皇、教皇的随从和罗马的达官显贵效力,他们争相让他绘制壁画、祭坛画、圣母像和肖像画等。

富有的银行家阿戈斯蒂诺·基吉(Agostino Chigi)自1507年起担任尤利乌斯二世的私人顾问和宫廷朝臣,拉斐尔为其在法尔内吉纳山庄内绘制了一幅不朽的经典之作——《伽拉忒亚的凯旋》(Triumph of Galatea)。受安杰洛·波利齐亚诺的诗的118节的启发,这幅壁画表现了伽拉忒亚女神驾驶着由海豚牵引的巨大螺壳,人鱼和海神簇拥在她的周围。拉斐尔将古典雕像的恢宏气势与古罗马绘画的经典色彩(比如赭石红)融合在一起,成功地创造出一种极其迷人的效果。早在佛罗伦萨时,拉斐尔就已开始创作以圣母为主题的作品,在罗马他又升华了这一主题,他绘制的圣母像获得了巨大的成功,其超凡的才能,有目共睹。他早年在罗马绘制的圣母像中,有一幅于1511年绘制的《阿尔巴圣母》(Alba Madonna)[又名《圣母子与年幼的施洗者圣约翰》(Madonna with the Child and the Infant Saint John the Baptist)]现藏于华盛顿国家美术馆。阿尔巴公爵曾收藏了这幅画,所以有段时间该画作以他的名字命名。实际上,这幅画作是拉斐尔为保罗·乔维奥(Paolo Giovio)而作,他是诺切拉的主教,撰写了关于拉斐尔的第一部自传。拉斐尔绘制过几份草图,尝试对14世纪"谦逊的圣母"这一主题予以当代的诠释,从图中不难看出米开朗琪罗笔下扭曲的人体及达·芬奇神圣人物组合的深刻影响,但是在

伽拉忒亚的凯旋(1512)
罗马,法尔内吉纳山庄

阿尔巴圣母（1511）
华盛顿，国家美术馆

拉斐尔笔下又增添了一种新的艺术魅力。现藏于伦敦国家美术馆的《圣母子和婴儿施洗者》（Madonna and Child with the Infant Baptist）（又以《阿尔多布兰迪尼圣母》（Aldobrandini Madonna）著称）也创作于1511年。在这幅作品中，我们又看到了达·芬奇式的金字塔造型：三位主人公坐在房间里，身后是两扇窗户，窗外远处是城市风光，色调柔和优美。我们从收藏于罗浮宫的《蓝色王冠圣母》（Madonna with the Blue Diadem）[《圣母子以及小施洗者约翰》（Madonna and the Sleeping Child with Saint John）]中看到了同样的古迹与古堡，色彩表现同样精致细腻。画面中，圣母玛利亚被描绘成一位女王，正掀开面纱（象征着胞衣），将熟睡的耶稣基督展示在幼年的圣约翰面前。另一幅绘有面纱的作品《洛雷托圣母》（Madonna of Loreto）[又名《圣母的面纱》（Madonna del Vèlo）或《波波洛教堂的圣母》（Madonna of Santa Maria del Popolo）]现藏于法国尚蒂伊孔代博物馆中，画中圣母玛利亚手握面纱优雅灵巧的动作，是该作品描绘的重点。瓦萨里这样描述此画："一幅非常漂亮的圣母画……从中可以看到耶稣基督诞生

圣母子和婴儿施洗者 | 阿尔多布兰迪尼圣母
（1511）
伦敦，国家美术馆

蓝色王冠圣母 | 圣母子以及小施洗者约翰
（1511）
巴黎，罗浮宫

洛雷托圣母 | 圣母的面纱 | 波波洛教堂的圣母（1511—1512）
尚蒂伊，孔代博物馆

福利尼奥的圣母 | 圣母子与施洗者圣约翰、弗朗西斯和杰罗姆以及捐赠者、圣康提（1511—1512）
梵蒂冈，梵蒂冈画廊

圣母与鱼（1512）
马德里，普拉多博物馆

拉斐尔为尤利乌斯二世的秘书兼黛拉·法布里卡·迪·圣皮埃特罗地区长官的西吉斯蒙多·德·孔蒂（Sigismondo de'Conti）绘制了一幅大型祭坛画《福利尼奥的圣母》（Madonna of Foligno）[《圣母子与施洗者圣约翰、弗朗西斯和杰罗姆以及捐赠者、圣康提》（*Madonna with the Child and Saints John the Baptist, Francis and Jerome and the Donor, Sigismondo de'Conti*）]，该作品是对早期翁布里亚风格的提升，现收藏于梵蒂冈画廊。这幅画本打算放到罗马的阿拉科埃利圣母教堂，1512年2月该画赞助者就埋葬在这里，但是他的亲戚随后把作品带到了意大利中部城市福利尼奥的圣安娜修道院（作品名字由此而来）。作品描绘了带着光环的圣母和圣子端坐在云端，祭坛画赞助者恳请圣徒为他祈求宽恕。画里的圣母玛利亚参照了达·芬奇作品的风格，即《启示录》（*Apocalypse*）里用金色的太阳圆盘构图的女人；云层下方狂风暴雨，一直延伸到天国的穹顶之上，创造了浩瀚无边的景象。1512年前后，拉斐尔在创作《博尔塞纳的弥撒》的同时，也在为乔万尼·巴蒂斯塔·德尔·杜切（Giovanni Battista del Duce）在那不勒斯圣多梅尼科教堂的礼拜堂创作《圣母与

后，圣母在为其盖上一层面纱。"

瓦萨里告诉我们，尤利乌斯二世把这幅画捐给了罗马的人民圣母教堂，同时委派拉斐尔为他绘制肖像画，并将其放入该教堂。教皇死后，这两幅画都被公开展示。在画作中融入面纱这一理念曾在《蓝色王冠圣母》中得以呈现：将人物设定在一个具有纪念意义的环境中，反映了拉斐尔那个时期创作壁画的风格，其中大红大绿的色彩与其姊妹篇《教皇的肖像》（*The Portrait of the Pope*）如出一辙。

西斯廷圣母 | 圣母子,圣西克斯特和圣芭芭拉及两个天使(约1513)
德累斯顿,油画馆

椅中圣母(约 1513—1514)
佛罗伦萨,皮蒂宫,帕拉蒂娜画廊

鱼》（Madonna of the Fish）（藏于马德里普拉多博物馆），在该作品中，拉斐尔放弃了金字塔式构图。

他把圣母和圣子置于同一平面中，创造了一个人物对话的情境。大天使加百列陪伴着托拜厄斯，一起把后者手里拿的鱼献给圣母，而圣杰罗姆在圣母的下方，慈祥地看着他们。圣母身后不再是云层和风景，而是一面绿色的帷幕和透过窗户一角露出的天空，屋内泛着金色、温馨的光晕。

现藏于德国德累斯顿油画馆的《西斯廷圣母》（Sistine Madonna），或许是世界上最著名的祭坛画之一。1745年，这幅作品从皮亚琴察圣西克斯特教堂转移到了德累斯顿萨克森国王奥古斯特（Augustus）三世皇庭。作品描绘的是踏着白云缓缓而来的圣母子，好似在回应圣西克斯图斯的祈祷。这幅作品中，拉斐尔用拉开的帷幕展现金字塔结构，创造了强烈的戏剧性效果。圣母——脸部可能取自拉斐尔的情人——在天使祥云的映衬下，恍若天堂来客，下方是两个小天使依靠在栏杆上，又给人一种现实感。

瓦萨里称赞这幅画"出类拔萃、人间罕见"，当时拉斐尔是为皮亚琴察圣西克斯特教堂而创作，这里是祭坛画中主要人物圣西克斯特和圣芭芭拉的遗骸所在地。画中的男圣徒很可能是仿照尤利乌斯二世生前或死后的画像。教皇尤利乌斯二世因皮亚琴察1512年6月对自己的政治支持而对其心怀感激，这幅画可能在他效忠于圣西克斯特之后已委派拉斐尔制作，在圣徒圣西克斯特的披肩上能看到绣有尤利乌斯二世家族纹章的罩袍。该祭坛画开始于1512年，完成于教皇尤利乌斯二世逝世的日子，1515年2月21日。

18世纪乌菲齐美术馆清单中的《椅中圣母》（Madonna of the Chair，藏于佛罗伦萨帕拉蒂娜画廊）更加令人惊艳，拉斐尔对情感的渲染使这幅作品成为无与伦比的杰作。作品于1513年至1514年绘制，将圣母绘制成年轻的母亲，披着黄金丝绸制的披肩，抱着圣子，年幼的圣约翰注视着这一幕。一位19世纪早期的德国作家推测作品绘制的是一位酒商的女儿和她的孩子，很可能是拉斐尔的情人。《窗帘下的圣母》（Madonna of the Curtain，藏于慕尼黑老绘画陈列馆）看起来是《椅中圣母》主题与设计的完美延续：圣子的目光转向了圣约翰，从侧面看，圣母温柔地看着两个孩子。身后的帷幕掀起了一角，可以看到一小块天空和一个十字架。

窗帘下的圣母 | 圣母子和婴儿施洗者（约 1513—1514）
慕尼黑，老绘画陈列馆

朋友与情人

在罗马,拉斐尔为教皇、教廷成员、人文主义者、知识分子、朋友和美丽的女人创作了许多幅肖像画,通过对人物心理的刻画和不同的表现方式,作品取得了出人意料的绝妙效果。《红衣主教的肖像》(Portrait of a Cardinal)属于其中的早期作品,绘制于1510年,恰是拉斐尔创作《雅典学院》之时。1818年,这幅作品在西班牙被发现,现收藏于马德里普拉多博物馆。画中人物消瘦的面庞折射出人物坚忍的意志、超强的控制力,红色斗篷显示了人物沧桑的经历和优雅的气质。《托马索·英吉拉米的肖像》(Portrait of Tommaso Inghirami)〔又名《费德拉》(Fedra),藏于佛罗伦萨帕拉蒂娜画廊〕创作于同一时期。在这幅肖像画中,英吉拉米的手边放有书本和手稿,目光向上斜视。他本人于1510年被任命为梵蒂冈图书馆的馆长。他的双手精心保养,红色教士服简洁考究,这种写实主义手法突出了端坐者是一位揶揄世事的怪才:他这样做其实是想穿越时空,长存于世,而他确实也成功了,不

红衣主教的肖像(1510)
马德里,普拉多博物馆

▶ **托马索·英吉拉米的肖像 | 费德拉**(约1510)
佛罗伦萨,皮蒂宫,帕拉蒂娜画廊

尤利乌斯二世的肖像（1511—1512）
全图和局部
伦敦，国家美术馆

《尤利乌斯二世的肖像》草图（1511）
查特斯沃思庄园，由查特斯沃思定居点的受托人收藏

管他有多少缺点或是其他问题，他还是成了一个不朽的艺术形象。博学的人文主义者英吉拉米1470年出生于意大利比萨省的沃尔特拉，在佛罗伦萨执政官洛伦佐·美第奇的宫廷中长大，13岁时便去了罗马，在教会谋得了一份受人尊重的差事，职业生涯一片光明。《尤利乌斯二世的肖像》（*Portrait of Julius II*，藏于伦敦国家美术馆）散发出权势和悲悯的双重气息，对此瓦萨里描述如下："作品如此的真实生动，所有人看到它，就像看到了尤利乌斯二世本人一样，不禁让人浑身一颤。"官方庆典期间，该作品曾在人民圣母教堂展示过，画中的教皇留着胡须，可见此画的创作日期应该早于1511年12月，因为教皇在与法国国王路易十二的战争惨败后就剪掉了胡须。

自1513年起，拉斐尔开始为他的朋友包括教皇绘制肖像画。《宾多·阿托维蒂的肖像》（*Portrait of Bindo Altoviti*，藏于华盛顿国家美术馆）这幅画常引起人们研究的兴

宾多·阿托维蒂的肖像（约 1514）
华盛顿，国家美术馆
* 克雷斯的收藏品

巴尔达萨雷·卡斯蒂利奥奈的肖像（1514—1515）
巴黎，罗浮宫

一个女人的肖像 | 披纱的少女（1515—1516）
佛罗伦萨，皮蒂宫，帕拉蒂娜画廊

一个年轻女子的肖像（福纳瑞娜）（1518—1519）
罗马，国立绘画馆，巴尔贝里尼宫殿

趣，瓦萨里将其描述为"非同寻常"。宾多·阿托维蒂（Bindo Altoviti）1491年出生于罗马，是佛罗伦萨当地的富有银行家，也是米开朗琪罗的朋友。他留着长长的金发，蓝色的双眸，丰满的嘴唇，穿着蓝色外套，领口处露出衬衣的白色花边。这是一幅大半身像，宾多·阿托维蒂扭头的动作像在被抓拍，那种勉为其难的、羞涩的表情以及那种一展迷人风采的意识展露无遗，令人一目了然。绘制于1514年至1515年的《巴尔达萨雷·卡斯蒂利奥奈的肖像》（Portrait of Baldassarre Castiglione，藏于巴黎罗浮宫）是为《廷臣论》的作者巴尔达萨雷·卡斯蒂利奥奈而绘制，作品从多个方面展现了主人公的时尚与高雅，同时也体现了他和拉斐尔之间的亲密关系。来自曼图拉的学者巴尔达萨

安德鲁·纳瓦吉诺与奥古斯蒂诺·巴扎诺的肖像（1516）
罗马，多利亚·庞非力画廊

雷·卡斯蒂利奥奈是乌尔比诺宫廷在罗马的发言人，拉斐尔当时第一次见到他就对那双蓝色深邃的眼睛印象深刻。高贵天然的海狸外套、精巧细致的帽子、优雅小巧的双手，都显现出这个人物的高贵身份和社会等级。

现收藏于佛罗伦萨帕拉蒂娜画廊的《一个女人的肖像》（Portrait of a Woman）[又名《披纱的少女》（La Velata）]，是艺术史上最美丽的女性肖像画之一。这是一个拉斐尔至死都深爱的女人。瓦萨里说："这个女人是拉斐尔去世之日都深爱着的情人……一幅艳丽迷人的肖像画，画中的她看起来栩栩如生。"

身穿镶有金边的波纹绸衣裙，项间佩戴琥珀项链，头顶披着一层厚纱，露出头发上插着的一颗珍珠，更显得别有趣味。拉斐尔笔下许多圣母玛利亚的形象都出自这个女人。她应该是玛格丽特（Margherita），又名福纳瑞娜（La Fornarina），是锡耶纳面包房主弗朗西斯科·鲁提（Francesco Luti）的女儿。拉斐尔曾创作过她父亲的肖像画，现藏于巴黎巴贝里尼宫的国家古代艺术画廊。该女子的肖像画确实和拉斐尔的情人有很多相似之处，但是仍存在争议。1515年至1516年，拉斐尔绘制了一位出身于工人家庭的年轻女子的肖像——就是她让拉斐尔神魂颠倒，放慢了创作进度并死于"纵欲过度"，三年后，她穿着优雅，成为与拉斐尔关系密切的情人。我们在这位穿着优雅的女子的面纱上看到的珍珠，与拉斐尔情妇头巾上的珍珠是同一颗，这可能暗示了前者的身份。性感的"福纳瑞娜"看起来兴致勃勃，在一只手臂接近胸部的位置带了一个臂环，假装难为情地用另一只手遮挡她的胸部；手环上"拉斐尔·圣齐奥"的签名明白不过地显示出拉斐尔对这个女人的爱。关于拉斐尔对她的眷恋，瓦萨里记录道："拉斐尔为了和情人在一起，推迟了和红衣主教比别纳（Bibbiena）的女儿玛丽亚（Maria）的婚事。"

拉斐尔在生命的最后几年创作了一些优秀的双人肖像画：《安德鲁·纳瓦吉诺与奥古斯蒂诺·巴扎诺的肖像》（Portrait of Andrea Navagero and Agostino Beazzano，藏于罗马多利亚·庞非力画廊）和《与朋友一起的自画像》（Selfportrait with a Friend，藏于巴黎罗浮宫）。第一幅作品绘制于1516年，当时这两位人文主义者正在罗马，画中的两人热情洋溢，友情深厚。当时拉斐尔已经计划好与卡斯蒂利奥奈和本博两位作家，去意大利中部城市蒂沃利旅游。第二幅作品于1518年至1519年完成，图中拉斐尔的一只手搭在朋友肩上，这位朋友的身份至今仍无法确定。此外，还有一幅肖像画绘制于1517年至1518年，画中人物是教皇利奥十世和美第奇家族的其他两个成员，朱利奥·德·美第奇和路易吉·德·罗西。事实上，画中的利奥十世流露出坚强的意志，是由拉斐尔亲自绘制，而画中另外两个人物则由助理完成。

与朋友一起的自画像（1518—1519）
巴黎，罗浮宫

◀ **利奥十世和两位红衣主教的肖像**（1517—1518）
佛罗伦萨，乌菲齐美术馆

《圣塞西莉亚的狂喜》和《基督赴刑场》

拉斐尔当时在意大利家喻户晓，并接到了许多罗马以外遥远地方的订单，这些工作由他画室的助手帮其完成，画室的生意也是欣欣向荣。比如1514年至1516年，他绘制了一幅巨型祭坛画《圣塞西莉亚的狂喜》（Ecstasy of Saint Cecilia），描述了狂喜中的圣塞西莉亚和圣徒保罗、福音约翰、奥古斯汀以及抹大拉的玛利亚，该作品现收藏于博洛尼亚科穆纳莱美术馆。作品是为埃琳娜·杜格利奥里·杜尔·奥利奥（Elena Duglioli dall'olio）所建造的博洛尼亚圣乔瓦尼教堂绘制的，圣塞西莉亚的遗骸也存放于此。

一组紧密的人群在二维空间之中进行的一场"神圣的对话"突然暂停了——这个二维空间的上方是天国，有正在蓝天中唱歌的天使；下方是尘世，有一些破旧的乐器——圣塞西莉亚沉浸在天使的合唱中，正要扔掉手中的管风琴。二维空间还象征着尘世和天国的爱，赞美埃琳娜·杜格利奥斯（Elena Dugliosi）在婚姻中一直守身如玉。在这幅作品中，拉斐尔依然探索祭坛画的结构和意义，这一历程在他创作《福利尼奥的圣母》和《西斯廷圣母》时

圣塞西莉亚的狂喜（圣塞西莉亚和圣徒保罗、福音约翰、奥古斯汀以及抹大拉的玛利亚）
（1514—1516）
博洛尼亚，科穆纳莱美术馆

基督赴刑场（1516—1517）
马德里，普拉多博物馆

法兰西斯一世的圣家庭 | 圣家庭与圣伊丽莎白、年轻的施洗者和两个天使（1518）
巴黎，罗浮宫

就已经开始。从古大提琴到直笛，再到手鼓，每一个细节都体现了一位弗兰德风格大师精益求精的精神。

瓦萨里形容这幅作品"栩栩如生，贴合实际"，并总结拉斐尔的作品之所以栩栩如生是因为"他笔下的人物，身体会颤动，连呼吸都能感受到"。1516年至1517年，他为巴勒莫的一个修道院创作了另一幅祭坛画《基督赴刑场》（Christ Falls on the Way to Calvary），描述了圣母看到自己的儿子受难的那一刻所感受到的痛楚。该画现收藏于马德里普拉多博物馆。拉斐尔笔下的圣母玛利亚没有晕厥，而是神志清晰，双膝跪地，从而把位于画面中心的基督的痛苦渲染到极致。用戏剧手法表现故事，这一灵感是拉斐尔从北方艺术家那里学到的，特别是杜勒（Dürer）和卢卡斯·凡·莱登（Lucas van Leyden）雕塑中各种各样的激情时刻，这些北方艺术家的作品富有现实主义特征，注重对眼泪和血滴的刻画。这件作品曾随遇难船沉入水底，但又奇迹般地在热那亚港口被发现。拉斐尔为公爵、王公贵族和国王创作的圣人和圣家庭的作品，越来越富有美感与活力，也越来越复杂，其中为法兰西斯国王创作的《法兰西斯一世的圣家庭》（Holy Family of Francis I）[又名《圣家庭与圣伊丽莎白、年轻的施洗者和两个天使》（Holy Family with Saint Elizabeth, the Young Baptist and Two Angels），上面有作者署名并注明日期为1518年]可能是拉斐尔模仿达·芬奇的作品中最漂亮的一幅，因为拉斐尔知道，国王对达·芬奇十分敬重。拉斐尔开创了一种新的构图方式，即不对称构图，就是把图设置成从左至右可动态旋转的圆形，用强烈的明暗对比揭开巴洛克风格的序曲。从收藏于乌菲齐美术馆的一幅图纸上可以看到，作品的每个细节都经过了认真揣摩，如圣母长袍上飘逸的褶皱。在1518年5月，拉斐尔完成了另一幅作品《圣米迦勒降魔》（Saint Michael and the Devil），作品随后被运至法国，在那里得到了法兰西斯一世和法国艺术家的大力赞赏。该巨型木板油画（后转移到画布支撑体，现收藏于巴黎罗浮宫）上有作者署名，日期为1518年，是乌尔比诺公爵洛伦佐·德·美第奇（Lorenzo de'Medici）委托拉斐尔为他的叔父教皇利奥十世创作的。在教皇的侄子洛伦佐和法国国王的外甥女玛德琳·德·拉图多韦尔尼（Madeleine de la Tour d'Auvergne）结婚之际，教皇将此画献给了获得圣米迦勒勋章天位骑士的法国国王。作品以法国的守护神大天使的肖像来巩固美第奇家族和教皇权势之间的关系。画中的天使有一张传统的面庞，强大健硕、充满活力，生有一对翅膀，外罩镀金的盔甲，准备用长矛刺向恶魔。此景是为了提醒国王，别忘了他是教廷的守卫者，这是1516年签订的《博洛尼亚协定》（Concordat of Bologna）中所规定的条款。法兰西斯一世也希望教皇能够支持自己夺得皇位。

圣米迦勒降魔（1518）
全图
局部见 150 页
巴黎，罗浮宫

《基督显圣》

根据瓦萨里的记载，拉斐尔"决定不用任何助手，他亲自绘制这幅《基督显圣》（*The Transfiguration of Christ*），该木版画现存放于坦比哀多庙。"这是拉斐尔为红衣主教朱利奥·德·美第奇（Giulio de'Medici——未来的教皇克雷芒七世——绘制的最后一幅大型祭坛画；红衣主教想把该画送到自己辖区的纳博讷大教堂，和塞巴斯蒂亚诺·德尔·皮翁博（Sebastiano del Piombo）的《拉撒路的复活》（*Resurrection of Lazarus*）放在一起。

从1518年7月2日米开朗琪罗收到的一封信中我们了解到，这件作品那时尚未开工，但是1520年4月6日拉斐尔离世时该作品已完成。事实上，朱利奥·德·美第奇从未把它送至法国，他荣升教皇后，马上把该作品专门放在了罗马蒙托里奥圣彼得大教堂，该作品也是从这里最终转移到了现在的馆藏地——梵蒂冈画廊。

根据瓦萨里的说法，《基督显圣》当时被安置在拉斐尔的遗体旁，使人们更加伤心欲绝。该画作表现了"信仰"这一主题，在这方面它对塞巴斯蒂亚诺·德·皮翁博构成了巨大的挑战。巧合的是，挑战真的出现了：拉斐尔死后6天，两幅画作进行了公开展示对比。不过，《基督显圣》也可以理解成拉斐尔的精神遗嘱。

这幅画作场面宏大，整体划分为两个世界：下方，即人间，躁动不安又变化莫测，画面沿对角线断开，围绕着一个虚无荒诞的核心；上方，即天堂，安静祥和又完美无缺，围绕着生生不息的源泉——基

基督显圣（1518—1520）
梵蒂冈，梵蒂冈画廊

督在摩西和伊莱亚斯之间升入天国，化作拯救人间的力量；天国的光，晶莹剔透，与人间形成鲜明的明暗对比。这幅画作标志着拉斐尔的绘画艺术脱胎换骨，达到了最高境界：这是使人幡然醒悟的出凡入圣的一课，也是反宗教改革艺术家们灵感的源泉。

这幅画作出自巨匠之手，意蕴深远；在绘制之前拉斐尔创作了诸多草图，最初被认为是扩大版的《基督显圣于塔泊尔山上》（Transfiguration on Mount Tabor）；画面中使徒使人复活，并奇迹般地治愈了被附身的人，疯魔男子康复的奇迹使作品的主题进一步得以丰富。使徒们尝试创造奇迹，但由于缺乏坚定的信念，他们的努力功亏一篑；上帝之子耶稣基督无所不能，使奇迹成真。作为一种隐喻，该作品颂扬的是美第奇教皇克雷芒七世"梅迪库斯"对教会的"起死复生"之功，这一奇迹足以和另一个奇迹（塞巴斯蒂亚诺·德·皮翁博创作的《拉撒路的复活》）相提并论。

基督显圣（1518—1520）
局部
梵蒂冈，梵蒂冈画廊

致命的爱

拉斐尔常常创作以天国为主题的作品，充满正义感。但是，他贪恋女色且"纵欲过度"，正如瓦萨里所说："拉斐尔多情好色，极度迷恋女人，对身边的女人一个都不放过，时刻准备讨好。"

在同性恋占主导的艺术氛围中，拉斐尔的行为确实是个"异类"。拉斐尔甚至离开情人就无法进行创作。事实上，他在法尔内西纳宫的第一凉廊绘制装饰画时，阿戈斯蒂诺·基吉允许他带着情人工作，这样他才完成了作品。然而，拉斐尔一生中究竟有几个女人，我们不得而知。

当然，有一个女人很"突出"，她的面孔在圣母像和几幅华丽的肖像画中都出现过：她的名字很可能是玛格丽特·卢蒂（Margherita Luti），其父亲来自锡耶纳。不管她的名字是什么，拉斐尔已对之痴迷不悟，拒绝娶红衣主教伯纳德·多维兹（Bernardo Dovizi）的侄女，比别纳的玛丽亚·多维兹（Maria Dovizi），而玛丽亚却非他不嫁。重压之下，为了不使红衣主教失望，拉斐尔不得已娶了玛丽亚。但他并不是真心接纳，反而感到很愤怒，决定敬而远之，使婚姻有名无实。乔治·瓦萨里继续描述道："同时拉斐尔暗地里拈花惹草，毫无底线，过渡地纵情声色……"

有一次，他纵欲过度，回家后高烧不退。但是他什么也没有告诉医生，医生就给他进行放血治疗，而当时他最需要的只是一个恢复体力的办法。因而，1520年4月6日的耶稣受难日，37岁的拉斐尔撒手人寰。在遗嘱中，拉斐尔为情人留下了丰厚的遗产，以确保她体面地生活，剩余的财产，他除了分给他的门徒，还用来为自己的坟墓制备圣体柜和圣母玛利亚雕像。

在罗马，翌日就是神圣星期六，皮科·德拉·米兰多拉给曼图亚（Mantua）公爵夫人写信告知其拉斐尔的死讯，信中称："我们所有对拉斐尔的美好期待，瞬间化为泡影，整个宫廷因此沉浸在悲痛之中。"

年表

拉斐尔生平大事记	年份	历史同期大事记
3月28日。乔万尼·桑提和玛吉亚·席亚拉的儿子拉斐尔在乌尔比诺诞生。	1483	路易斯十四世亡故以后,查理八世成为法国国王。列奥纳多·达·芬奇此时开始绘制《岩间圣母》(巴黎,罗浮宫)。
10月7日。拉斐尔的母亲去世。	1491	
5月。鳏夫乔万尼·桑提迎娶了金匠皮耶罗·迪·帕提的女儿贝拉尔蒂娜,随后他们生了女儿伊丽莎白。	1492	洛伦佐·德·美第奇在佛罗伦萨去世,罗德里戈·博尔吉亚成为罗马教皇,即亚历山大六世。10月12日,克里斯多弗·哥伦布首次抵达巴哈马群岛的圣萨尔瓦多岛。
8月1日。乔万尼·桑提去世。拉斐尔继承了他父亲在乌尔比诺的工作坊,并与埃万杰利斯塔·达·迪·梅莱托共同经营。	1494	美第奇家族被驱逐后,费拉·吉罗拉莫·萨伏那洛拉在佛罗伦萨建立共和政体。查尔斯八世入侵意大利,触发了法国和西班牙之间的战争。
乔万尼·桑提的财产诉讼案爆发,一方是未成年的拉斐尔与他的叔父兼监护人唐·巴尔托洛梅奥,另一方是他的继母贝拉尔蒂娜。	1495	
5月4日。唐·巴尔托洛梅奥、拉斐尔和贝拉尔蒂娜的诉讼案在乌尔比诺完结。12月10日,拉斐尔和埃万杰利斯塔·达·迪·梅莱托共同签署合约,为卡斯泰洛城的圣奥古斯帝诺教堂的家族礼拜堂绘制祭坛屏风画《托伦蒂诺的圣尼古拉加冕》。	1500	路易十二驱逐斯福尔扎家族,统治了米兰公国。列奥纳多同年回到佛罗伦萨;布拉曼特当时在罗马工作。
9月13日。拉斐尔和埃万杰利斯塔·达·迪·梅莱托收到了绘制祭坛屏风画《托伦蒂诺的圣尼古拉加冕》的酬金,共33达克特。	1501	米开朗琪罗开始雕刻《大卫》。
拉斐尔此时在佩鲁贾履行收到委托的一些重要合约。	1502	凯撒·博尔吉亚统治乌尔比诺后,蒙特菲尔特罗家族逃至卡斯泰洛城和威尼斯。
在卡斯泰洛城,圣多梅尼科教堂的祭坛画《被钉在十字架上的基督》注明日期"1503年"。	1503	卡斯泰洛城、佩鲁贾和费尔莫省都属于凯撒·博尔吉亚统治之下。米开朗琪罗绘制了《圣家族》。朱利亚诺·德拉·罗维尔成为教皇尤利乌斯二世。

续表

拉斐尔开始为卡斯泰洛城的圣弗朗西斯科教堂绘制《圣母的婚礼》（米兰，布雷拉画廊）。10月1日，皮尔·索德里尼在佛罗伦萨收到了乔万娜·费尔特里亚为拉斐尔写的推荐信。拉斐尔搬到了佛罗伦萨，直到1508年。	1504	根据《里昂条约》的条款，西班牙统治了那不勒斯王国。米开朗琪罗完成了雕像《大卫》。
拉斐尔与助手一起完成了《科隆纳圣坛装饰画》，这件作品始自1503年，为佩鲁贾的圣安东尼奥姐妹教堂绘制，现藏于纽约的大都会艺术博物馆。1503年他签订合约，为大雅台贫苦修道院绘制《圣母加冕礼》，并就上述合同内容重新进行洽谈；这件作品在他去世后由他的助手继续完成。同年，他还接受委托，为佩鲁贾的圣菲奥伦佐·塞维迪教堂安西帝礼拜堂绘制祭坛画。拉斐尔在为佩鲁贾的圣塞韦罗教堂绘制的壁画《三位一体与圣徒》署名并注明日期。	1505	教皇尤利乌斯二世委托米开朗琪罗为他设计陵墓并雕刻塑像。
《草地上的圣母》（又名《美景宫的圣母》）注明年份。	1506	教皇尤利乌斯二世征服并吞并了博洛尼亚，使之成为教皇辖区。
他署名并注明日期的作品包括：为锡耶纳菲利普·塞卡迪而作的《美丽的女园丁》（巴黎，罗浮宫），以及《圣家族和羔羊》（马德里，普拉多博物馆）；《下十字架》（巴廖内礼拜堂祭坛画）最初是为圣弗朗西斯科·阿尔·普拉托教堂内的巴廖内礼拜堂绘制，现藏于罗马，博盖塞画廊。	1507	
拉斐尔在《尼科利尼·考珀圣母》（华盛顿，国家美术馆）署名，注明日期也是在这一年。4月21日，拉斐尔在写给叔父的信中表达了对乌尔比诺公爵圭多巴尔多·达·蒙特菲尔特罗离世的悲恸。同年拉斐尔离开佛罗伦萨去了罗马。	1508	德拉·罗维尔家族接管乌尔比诺公国，掌权至1631年。
在罗马，拉菲尔开始为梵蒂冈宫绘制壁画，又称"乐章"。	1509	在罗马，巴尔达萨雷·佩鲁齐为银行家基吉设计了法尔内吉纳山庄。
拉斐尔在一个雕刻竞赛中担任评委，参赛的雕刻家竞相临摹1506年发掘出土的雕像组群《拉奥孔》。	1510	乔尔乔内在威尼斯逝世。教皇尤利乌斯二世组织反抗法国的神圣同盟。
拉斐尔可能设计了人民圣母教堂的基吉礼拜堂。伊莎贝拉·德斯特写信给她在罗马的代理人，让拉斐尔为费德里科·孔扎加绘制一幅肖像画。	1512	美第奇家族重掌佛罗伦萨政权。

艺术人生——拉斐尔　155

续表

7月7日。拉斐尔为梵蒂冈宫绘制壁画("乐章")收到了50达克特酬金。11月1日,他和布拉曼特一起,共同为圣彼得大教堂效力。	1513	尤利乌斯二世去世,乔万尼·德·美第奇掌权,他是洛伦佐·德·美第奇的儿子,即教皇利奥十世。
3月11日,布拉曼特去世,拉斐尔接管他的职位,成为圣彼得大教堂工程的主管。8月1日,他被授予"绘画大师"称号:他为圣彼得广场提出的规划设计在塞利奥的《建筑文集》第三卷中有所描述。1514年至1515年,他为西斯廷教堂预定的挂毯创作了10幅草图(其中7幅幸存至今,现藏于伦敦的维多利亚博物馆和阿尔伯特博物馆)。	1514	利奥十世大赦了在建造圣彼得广场过程中曾经效力的基督徒。路易十二去世。
8月27日。利奥十世委任拉斐尔为"执政官",为罗马文物的管理员和挖掘工程的监督人。为了表达对阿尔布雷特·丢勒的尊重,拉斐尔赠送给他一幅《奥斯提亚战役》,画中的两个人物曾参加奥斯提亚战役,这幅画是壁画《博尔戈火灾》的一部分。	1515	路易十二的表弟,瓦卢瓦-昂古莱姆王朝的弗朗索瓦一世登上了法国王位,同年入侵意大利并占领了米兰公国。
拉斐尔和他的团队在梵蒂冈宫一条65米×4米的长廊上,绘制壁画。壁画的内容选材于《圣经》中的故事。	1516—1519	提香绘制了《神圣和世俗的爱》(罗马,博盖塞画廊)。
7月19日,梵蒂冈宫"乐章"壁画工作结束。拉斐尔和他的团队开始绘制凉廊拱顶的壁画(罗马,法尔内吉纳山庄),该任务于1519年完工。根据拉斐尔的建议,玛达玛庄园在罗马建立。	1517	10月31日,马丁·路德在维滕贝格大教堂大门上张贴了他的《九十五条论纲》,表示对教皇出售赎罪券和教会滥用权力的抗议。列奥纳多搬到法国安博瓦兹的弗朗西斯一世宫廷。
拉斐尔为法国君主绘制了《圣米迦勒降魔》和《法兰西斯一世的圣家庭》,两件作品皆有他的署名和日期。7月后的某一天,拉斐尔开始创作《基督显圣》,这件作品完成后不久他就溘然长逝了。	1518	提香绘制了《圣母升天图》(威尼斯,圣方济会荣耀圣母教堂)。
4月6日,拉斐尔因高烧治疗不当猝死。此后,他的学生替他完成了梵蒂冈宫康斯坦丁室的壁画。	1520	为了反驳马丁·路德的《九十五条论纲》,教皇利奥十世发布了诏书《主,请现身》;1521年,教皇发布诏书《为了罗马教皇》,把马丁·路德逐出了教会。

索引

拉斐尔·圣齐奥作品索引

壁画

署名室 90，92，93，95，96，102，104，105，108，109
  《阿波罗和玛尔绪阿斯》（天花板）96
  《奥古斯都阻止烧毁维吉尔的〈埃涅阿斯纪〉》102
  《皇帝查士丁尼颁布罗马法典》105，109
  《教皇格里高利九世颁布教令》90，105，109
  《帕纳索斯山》102，105—107
  《神学三德》70，76，102，105，108，109
  《圣体辩论》93，96—101
  《诗歌》（天花板）94
  《所罗门的审判》（天花板）96
  《亚当和夏娃》或《原罪》（天花板）95
  《亚历山大大帝将荷马的著作置于阿喀琉斯的坟墓上》102
  《雅典学院》96，102—104，134
  《哲学》（天花板）93
博尔戈火灾室 120—122
  《埃涅阿斯和安喀塞斯》121
  《奥斯提亚战役》（与助手）120
  《博尔戈火灾》（又称《博尔戈的大火》）120—122，156
  《查理曼大帝加冕礼》（与助手）120
  《利奥三世的辩解》（与助手）120
康斯坦丁室 91
艾略多罗室 91，110—117
  《博尔塞纳的弥撒》112，113，129
  《出现在诺亚面前的上帝》和《雅各伯的梦想》116
  《赫利奥多罗斯被逐出圣殿》110，111
  《火焰中的荆棘》115
  《利奥一世会面阿提拉》115，116，118，119
  《以撒的献祭》115
  《拯救圣彼得》114，115

绘画

《阿尔巴圣母》(《圣母子与年幼的施洗者圣约翰》)（华盛顿）124，125
《阿尔多布兰迪尼圣母》(《圣母子和婴儿施洗者》)（伦敦）126
《阿格诺罗·多尼肖像》78，80
《安德鲁·纳瓦吉诺与奥古斯蒂诺·巴扎诺的肖像》141，142
《奥尔良圣母》65，66
《巴尔达萨雷·卡斯蒂利奥奈的肖像》139，140
《抱独角兽的女子肖像》78，82
《被钉在十字架上的基督》(《十字架上的耶稣、圣母玛利亚、圣徒和天使》)25，26，27，29，154
《宾多·阿托维蒂的肖像》136，138，140
《布里奇沃特圣母》(《圣母子》)62，64
《草地上的圣母》(《圣母子和圣约翰》/《美景宫的圣母》44，54，55，155
《持书的圣母子》(帕萨迪纳)6，31，32
《创造夏娃》25
《大公爵之圣母》52，54
《迪奥塔莱维圣母》(《在圣杰罗姆、圣弗朗西斯之间的圣母子》)30，32
《读书的圣母》32
《法兰西斯一世的圣家庭》(《圣家庭与圣伊丽莎白、年轻的施洗者和两个天使》)147，148，156
《福利尼奥的圣母》(《圣母子与施洗者圣约翰、弗朗西斯和杰罗姆以及捐赠者、圣康提》)128，129，145
《圭多巴尔多·达·蒙特菲尔特罗肖像》43
《红衣主教的肖像》134
《怀孕的女人》(《一位妇女的肖像》)78
《基督赴刑场》(《玛利亚的悲痛》)145，146，148
《基督显圣》151，152，156
《基督的祝福》68，69
《嘉拉提亚的凯旋》124
《金翅雀圣母》(《圣母子和圣婴施洗》)（佛罗伦萨，乌菲齐美术馆）56，57
《卡尼吉安尼的圣家族》60，61
《克雷莫纳的圣尤西比乌斯用圣杰罗姆的长袍使三位死者复生》（祭坛木板画）26
《科隆纳圣母》(《圣母子》)（柏林）88
《拉斐尔自画像》46
《利奥十世和两位红衣主教的肖像》（与助手）144
《玛达莱娜·多尼肖像》78，81
《美惠三女神》37，39
《美丽的女园丁》《圣母子和施洗者约翰》)（巴黎）58，155
《蒙娜·丽莎》(《一个年轻女人半身肖像》)52
《拿苹果的青年男子》77，79
《尼科利尼·考珀圣母》63，64，155
《骑士的愿景》37，38
《三博士来朝》《神殿奉献》29，30
《三位一体与圣徒》50，51，155
《三位一体折叠画》24，25
《三位一体折叠画：十字架上的基督与圣父、圣塞巴斯蒂安、圣罗克》24

《神学三德》70，76，102，105，108，109
《圣家族》(《没有胡须的圣若瑟圣家族》) 65
《圣家族和羔羊》66，67，155
《圣杰罗姆拯救席尔维纳斯并惩罚异教徒萨比尼埃纳斯》(祭坛木板画) 26
《圣米迦勒屠龙》37，40，41
《圣米迦勒降魔》148—150，156
《圣母子以及小施洗者约翰》(《蓝色王冠圣母》) 126
《圣母加冕礼》(修道院) 48，155
《圣母加冕礼》(欧迪家族祭坛画)(罗马) 28，29，30
《圣母升天》29，48
《圣母子》(《索利的圣母》)(柏林) 30
《圣母子，施洗者圣约翰及巴里的圣尼古拉斯》(安西帝祭坛画) 49，51
《圣母子和婴儿施洗者》(《窗帘下的圣母》)(慕尼黑) 132，133
《圣母子和婴儿施洗者》(《圣母和小施洗者》/ 阿尔多布兰迪尼圣母》) 126
《圣母子和婴儿施洗者》(《椅中圣母》)(佛罗伦萨，皮蒂宫) 131，132
《圣母子和婴儿施洗者》(《圣母与鱼》) 129，132
《圣母子与圣徒》(科隆纳祭坛画)(纽约) 29，47，48
《圣母子与圣约翰、圣童》(《特拉诺瓦圣母》) 53，54
《圣母子与圣若瑟》(《洛雷托圣母》)/《圣母玛利亚》/《波波洛教堂的圣母》) 126，127
《圣乔治屠龙》(巴黎) 37，42
《圣乔治屠龙》(华盛顿) 66，68
《圣塞西莉亚的狂喜》(《圣塞西莉亚和圣徒保罗、福音约翰、奥古斯汀以及抹大拉的玛利亚》) 145
《托伦蒂诺的圣尼古拉加冕》23，154
《托马索·英吉拉米的肖像》134，135
《天使半身像》(托伦蒂诺的圣尼古拉斯加冕) 24
《天使半身像》(布雷西亚) 20
《天使半身像》(巴黎) 22
《西斯廷圣母》(圣母子，圣西斯托和圣芭芭拉及两个天使) 130，132
《下十字架》(巴廖内祭坛画) 70，72，74，155
《小考佩尔圣母》66，68
《亚历山大的圣凯瑟琳》88，89
《哑女》(《一位妇女的肖像》) 84
《伊丽莎白·冈萨加肖像》40，43

《永恒天父》72
《尤利乌斯二世的肖像》136，137
《与朋友一起的自画像》142，143
《愿圣父赐福于天使与基路伯》48
《园中祈祷》(遗失) 65
《棕榈树下的圣家族》64

作品和草图

《哀悼基督》(为《下十字架》作的草图) 72
《哀悼基督》草图 74
《哀悼基督》中核心人物草图 75
《埃涅阿斯和安喀塞斯》草图（出自《博尔戈火灾》) 121
《艾伊尼阿斯·西尔维乌·比科罗米尼在巴尔赛会议上的背叛》32
《美丽的女园丁》草图 58
《人头像》52
《托伦蒂诺的圣尼古拉加冕》草图 23
《一位匿名青年的肖像》51
《一位年轻人的肖像》52
《一位年轻女人的肖像》51
《尤利乌斯二世的肖像》草图 136

其他人名及作品索引

A

阿戈斯蒂诺·基吉 124，153
阿格诺罗·多尼 54，78，80
阿尔巴公爵（17世纪）124
阿尔布雷特·杜勒 148
阿尔法诺·迪·迪亚曼特 32
阿斯坎尼奥·康迪威 8
阿塔兰特·巴廖内 70，76
埃琳娜·杜格利奥里·多尔里奥 145
埃万杰利斯塔·达·皮安·迪·梅莱托 19，20，23，24，154
安德里亚·巴伦西 23
安德烈亚·曼特尼亚 18，75
安东尼奥·波拉约洛 12
安杰洛·波利齐亚诺 124

B

巴蒂斯塔·斯福尔扎 9
巴尔达萨雷·卡斯蒂奥奈 7，9，43，52，68，139，140，141，142

巴尔达萨雷·佩鲁齐 91，112，155
巴尔达萨雷·图里尼 86
巴尔托洛梅奥·桑提（乔万尼·桑提的哥哥）23
保罗·乔维奥 124
保罗·乌切洛 14
贝拉尔蒂娜·迪·皮耶罗·帕特 20，23，154
贝奈德托·达·迈亚诺 12
贝亚托·安杰利科 94
彼耶罗·佩鲁吉诺 17，20，23，24，26，30，32，33，36，48，51，52，54，72，78
　　《哀悼基督》72
　　《基督授钥匙于圣彼得》33
　　《十人祭坛画》51
　　《圣母的婚礼》33，36，155
柏拉图 96，109
伯纳德·多维兹（红衣主教）153
博托·迪·乔万尼 48
布拉曼特 91，94，96，109，117，154，156

D
代家族 86
但丁·阿利吉耶里 95，102
德斯德里奥·达·塞蒂尼奥诺 58
多梅尼科·德尔·吉兰达约 17，77
多梅尼科·卡尼吉安尼 54，61
多纳泰罗 52，88

F
法兰西斯一世 148
菲利普·巴勒迪努齐 54
菲利普·塞卡迪 58，155
菲利皮诺·利皮 18
芙拉·巴托洛梅奥 23，48，51，95，154
　　《最后的审判》51
弗朗西斯科·迪·乔治·马尔提尼 9，12，36
弗朗西斯科·劳拉纳 12
弗朗西斯科·鲁提 142
弗朗西斯科·玛利亚·德拉·罗维尔 92，94

G
格瑞弗·巴廖内 70
圭多巴尔多·达·蒙特菲尔特罗 9，13，14，37，40，43，65，66，68，77，155

H
汉斯·梅姆林 68

赫拉克利特 96
亨利七世（英国国王）68
荷马 102

J
吉罗拉谟·真加 19
吉尔伯特·塔尔博特 68
贾斯特斯·凡·根特 12，13，14
　　《名人：欧几里得》14
　　《众门徒的圣餐仪式》13
教皇克雷芒七世（朱利奥·德·美第奇）151，152
教皇亚历山大六世（罗德里哥·博尔吉亚）91，154

K
恺撒·博尔吉亚 29，154
夸特梅尔·德·昆西 76

L
莱昂·巴蒂斯塔·阿尔伯蒂 12，33
莱昂·德拉·巴廖内 30
里多尔夫·德尔·吉兰达约 47，58，84
里涅里·迪·贝尔纳多·代 86
列奥纳多·达·芬奇 8，18，20，30，32，43，45—47，52—54，56，58，61，66，68，76，77，84，88，91，95，124，126，129，148，154，156
　　《安吉里之战》45，46，53
　　《抱银鼠的女子》77
　　《柏诺瓦圣母》53
　　《基涅弗拉·奔茜》77
　　《丽达与天鹅》53
　　《圣母子与圣安妮》54，56，66
　　《圣母子与圣安妮、施洗者圣约翰》53
　　《岩间圣母》54
　　《音乐家的肖像》77
卢卡·德拉·罗比亚 52，58，88
卢卡·西诺雷利 18，25，26，52，75，91
卢克雷奇娅·弗雷斯科巴尔迪 61
卢兹·兰齐 24
鲁奇亚诺·劳拉纳 9
罗伯特·隆吉 78
罗吉尔·凡·德尔·维登 12，17
洛伦佐·迪·克雷迪 88
洛伦佐·洛托 91
洛伦佐·纳西 54，56
罗马教皇格列高利九世 109

M

玛达莱娜·多尼 78，81
玛德琳·德·拉图多韦尔尼 148
玛吉亚·席亚拉 17，151
马拉泰斯塔家族 14，29
玛利亚·达维兹 153
马萨乔 52
马特奥·奥迪 23
美第奇家族 46，142，148，154，155
斐迪南·德·美第奇 86
乔万尼·德·美第奇 109
朱利奥·德·美第奇 37，142，151
米开朗琪罗 8，32，45，46，47，52，53，54，58，61，64，75，76，78，88，96，102，109，121，124，125，140，151，154，155
　《大卫》46，53，154，155
　《卡辛那之战》45，46，53
　《圣家族》75，78，154
蒙特菲尔特罗家族 17，92，154

P

佩德罗·贝鲁格特 12，13，14
　《费德里科·达·蒙特菲尔特罗及其儿子圭多巴尔多》12
　《名人：欧几里得》14
皮科·德拉·米兰多拉 7，32，153
皮尔·安东尼奥·索德里尼 45，46
皮耶罗·本博 47，65，142
皮耶罗·德拉·弗朗西斯卡 9，10，12，14
　《布雷拉祭坛画：圣母子、天使与圣徒》9
　《费德里科·达·蒙特菲尔特罗公爵及其夫人巴蒂斯塔·斯福尔扎》双联画 10，11
　《塞尼加利亚圣母》12
皮耶罗·迪·科西莫 7
平图里乔 24，26，32，48，52，91
《艾伊尼阿斯·西尔维乌·比科罗米尼的生活场景》32

Q

乔万·保罗·洛玛佐 7
乔万·弗朗西斯科·彭尼 48，120
乔万尼·巴蒂斯塔·德尔·杜切 129
乔万尼·达·乌迪内 120
乔万尼·德拉·罗维尔 37
乔万娜·费尔特里亚·德拉·罗维尔 37，45，84，92
乔万尼·桑提 14—20，23，24，30，45，154
　《阿波罗》19

《布菲祭坛画》24
《缪斯女神：埃拉托、墨尔波墨涅》19
《缪斯女神：波利海尼亚、克利欧》17
《缪斯女神：卡利俄柏、特普斯歌瑞》18
《圣母子、天使、圣徒与基督复活》15
切利奥·卡尔卡格尼尼 7

R

拉法埃利诺·德尔·科莱 120

S

萨克森国王奥古斯特三世 132
塞巴斯蒂亚诺·德尔·皮翁博 151
《拉撒路的复活》151
圣芭芭拉 132
圣西克斯特 132
索多玛 91，92，95，96

T

塔代奥·塔德尔 47，54，64
提莫特沃·维提 19
托马索·英吉拉米 134，136

W

维吉尔 102
温克尔曼 76

X

西吉斯蒙多·德·孔蒂 129
西蒙·奥迪 30

Y

雅各布·布克哈特 76
雅各布·彭托莫 7
亚里士多德·达·桑加罗 47
扬·凡·艾克 12，17
伊丽莎白·冈萨加 40，43，62，154

Z

朱利亚诺·德拉·罗维尔 91，154
朱利奥·罗马诺 48，120

160　艺术人生——拉斐尔

参考书目

Sources and monographs:
G. Vasari, Le Vite dei più eccellenti pitTori scultori e architetti, Florence 1568, II, Milan 1973, pp. 755-808; P. Giovio, Raphaelis Urbinatis Vita, in Scritti d'Arte del Cinquecento, ed. by Paola Barocchi, I, Milan-Naples 1971 pp. 13-18; V. Golzio, Raffaello nei documenti, nelle testimonianze dei contemporanei e nella letteratura del suo secolo, Vatican City 1936; M. Prisco – P. De Vecchi, L'opera complete di Raffaello, Milan 1966; S. Ferino Pagden – M. A. Zancan, Raffaello. Catalogo complello, Florence 1989; K. Oberhuber, Raffaello l'opera pittorica, Milan 1999; P. De Vecchi, Raffaello, Milan 2002.
English quotations from: G. Vasari, Lives of the Painters, Sculptors and Architects, trabslated by Gaston de Vere, New York 1996.

Catalogues:
Urbino e le Marche prima e dopo Raffaello, exhibition catalogue (Urbino, Palazzo Ducale church of San Domenico, 30 July-30 October 1983), Florence 1983; Raffaello giovane e Città di Castello, exhibition catalogue (Città di Castello, 16 September 1983-31 May 1984), Città di Castello 1983; Raffaello e Firenze. Dipinti e disegni delle collezioni fiorentine, exhibition catalogue (Florence, Palazzo Pitti, 11 January-29 April 1984), Florence 1984; Raffaello architetto, exhibition catalogue (Rome, Campidoglio, Palazzo dei Conservatori, 29 February-15 May 1984), Milan 1984; Roma e lo stile classic di Raffaello, exhibition catalogue (Mantua, Palazzo Te, 20 March-30 May 1999), Milan 1999; Raphael: Grace and Beauty, exhibition catalogue (Paris, Musée du Luxembourg, 10 October 2001-27 January 2002), Milan 2001; L'amore, l'arte e la grazia. Raffaello: la Madonna del cardellino restaurata, exhibition catalogue (Florence, Palazzo Medici Riccardi, 23 November 2008-1 March 2009), Florence 2008; Raffaello e Urbino, exhibition catalogue (Urbino, Galleria Nazionale delle Marche, 4 April-12 July 2009), Milan 2009.

PHOTOGRAPHS
Archives Giunti / Photo Rabatti-Domingie, Florence: 56-57.
© Cristion Sarti / Archives Giunti: p.
© 2010 Foto Scala, Florence / BPK, Bildagentur fuer Kunst, Kultur und Geschichte, Berlin: pp. 30, 53, 88.
Vatican Museums: pp. 28, 29, 76, 77, 90, 92, 93, 94, 95, 96, 97, 98-99, 100, 101, 102, 103, 104, 105, 106-107, 108, 109, 110, 111, 112, 113, 114, 115, 116, 117, 118-119, 120, 121, 122, 123, 128, 151, 152, 153.
Unless otherwise specifies, all the photos are the property of the Archives Giunti.

The works of art in Italian State Galleries and museums are reproduced with the permission of the Ministero per i Beni e le Attività Culturali.
The publisher is willing to settle any royalties that may be due for the publication of pictures from unascertained sources.
As concerns captions. when not otherwise indicated the work forms part of a private collection.

图书在版编目（CIP）数据

拉斐尔 /（意）毛里齐亚·塔扎特著；高金岭，赵玲玲译 . — 西安：太白文艺出版社，2019.4
（艺术人生）
ISBN 978-7-5513-1577-7

Ⅰ.①拉… Ⅱ.①毛…②高…③赵… Ⅲ.①拉斐尔（Raphael，Sant 1483—1520）—传记 Ⅳ.
① K835.635.72

中国版本图书馆 CIP 数据核字（2019）第 002313 号

For the original edition
Original title: "Raphael" by Maurizia Tazartes
Copyright: © 2010 by Giunti Editore S.p.A., Firenze-Milano
www.giunti.it
The simplified Chinese edition is published in arrangement through Niu Niu Culture.

Chinese language copyright © 2019 by Phoenix-Power Cultural Development Co., Ltd.
All rights reserved.

著作权合同登记号　图字：25-2018-005 号

艺术人生
拉斐尔
LAFEIER

作　　者	[意]毛里齐亚·塔扎特
译　　者	高金岭　赵玲玲
责任编辑	王婧姝
特约编辑	时音菠
整体设计	Metis 灵动视线
出版发行	陕西新华出版传媒集团
	太白文艺出版社（西安市曲江新区登高路1388号　710061）
	太白文艺出版社发行：029-87277748
经　　销	新华书店
印　　刷	北京天恒嘉业印刷有限公司
开　　本	787毫米×1092毫米　1/16
字　　数	36千字
印　　张	10.25
版　　次	2019年4月第1版　2019年4月第1次印刷
书　　号	ISBN 978-7-5513-1577-7
定　　价	79.80元

版权所有　翻印必究
如有印装质量问题，可寄出版社印制部调换
联系电话：029-81206800